犯罪心理全档案

第四季

凝视深渊 著

U0781585

台海出版社

图书在版编目（CIP）数据

犯罪心理全档案.第四季/凝视深渊著.--北京：
台海出版社，2019.7
ISBN 978-7-5168-2349-1

Ⅰ.①犯… Ⅱ.①凝… Ⅲ.①犯罪心理学—普及读物
Ⅳ.① D917.2-49

中国版本图书馆 CIP 数据核字（2019）第 076699 号

犯罪心理全档案·第四季

著　　者：凝视深渊

责任编辑：赵旭雯　王慧敏
责任印制：蔡　旭

出版发行：台海出版社
地　　址：北京市东城区景山东街 20 号　邮政编码：100009
电　　话：010 — 64041652（发行，邮购）
传　　真：010 — 84045799（总编室）
网　　址：www.taimeng.org.cn/thcbs/default.htm
电子邮箱：thcbs@126.com

经　　销：全国各地新华书店
印　　刷：天津旭非印刷有限公司
本书如有破损、缺页、装订错误，请与本社联系调换

开　　本：710 毫米 ×1000 毫米　1/16
字　　数：188 千字　　　　　印　　张：15
版　　次：2019 年 7 月第 1 版　印　　次：2020 年 1 月第 1 次印刷
书　　号：ISBN 978-7-5168-2349-1

定　　价：49.80 元

版权所有　侵权必究

前　言

犯罪是人类社会自古以来就存在的顽疾。人类社会的发展与进步就是一部与犯罪行为作斗争的历史。探索罪犯的内心世界，了解他们为何会实施形形色色的犯罪行为，是一个令人着迷的领域。在这个领域中，最有挑战性也最吸引人的是对凶杀案，尤其是连环杀手犯罪心理的研究。在各种各样的罪犯中，连环杀手无疑是最疯狂、最残忍，也是最令人费解的异类。他们无法控制自己的杀戮欲望，只有杀人才能平息他们内心的躁动不安，他们就像干渴的人渴望水一样渴望鲜血。所以，期望他们能够主动放下手中的屠刀是不现实的，连环杀手要么自杀，要么被捕，否则，他们就会一直寻找和屠杀"猎物"。

连环杀手的内心世界是最为阴暗、扭曲的。他们性侵、虐待、肢解被害人，甚至有以人为食的欲望。如此变态的精神世界是如何形成的呢？他们是天生的罪犯，有着一颗与常人不同的大脑？或者他们有着特殊的人生经历，尤其是童年时生活在贫穷、混乱、暴力的环境中？或者他们曾受到过常人无法想象的痛苦和伤害，导致一个普通人变成了恶魔？每个连环杀手都有自己的故事，他的罪行不过是漫长的成长之路上结出的罪恶果实。

了解连环杀手，最好的办法就是读懂他们的故事。这不仅仅是为了猎奇，更是为了了解错综复杂的人性，了解我们自己。人性是神性与兽性的结合体，在我们每个人的内心世界中都潜伏着一头怪兽，当它被某种微妙的因素唤醒时，我们也可能成为罪犯，甚至是罪犯中最恐怖的连环杀手。所以，我们需要在开阔视野的基础上自我修炼和完善，让自己的人生道路始终沿着正确的方向延伸，获得每个人都渴望的人生幸福。

这套《犯罪心理全档案》是作者长期关注连环杀手犯罪，多年收集、整理材料，解析连环杀手犯罪心理的成果。在此之前，作者已经创作和出版多部犯罪心理著作。作为作者的集大成之作，相信《犯罪心理全档案》会给读者带来崭新的阅读体验和启迪。

目　录

世界上体积第二大的大脑——爱德华·鲁洛夫　　　　　　　/ 001

法国现实版的蓝胡子——亨利·兰德鲁　　　　　　　　　/ 007

心智只有 10 岁的连环杀手——约翰·斯坦分　　　　　　　/ 017

就连母亲也嫌弃他丑陋——哈维·莫里·格拉斯曼　　　　　/ 023

凶手死后与被害人葬在一起——斯塔克韦瑟　　　　　　　/ 031

与警察玩起真真假假的游戏——亨利·李·卢卡斯　　　　　/ 043

遵循神的旨意去杀人——赫伯特·威廉姆·慕林　　　　　　/ 055

恩人也不放过的连环杀手——帕特里克·麦凯　　　　　　　/ 065

利用自己的犯罪事迹去赚钱——克利福德·奥尔森　　　　　/ 073

看到美女就想吃掉她——佐川一政　　　　　　　　　　　/ 081

未能及时送报的报童——约翰·约瑟夫·约伯特　　　　　　/ 091

阳光男孩喜欢在黑夜杀人——理查德·雷瓦·拉米雷斯　　　/ 101

毁灭日本动漫产业的宅男——宫崎勤　　　　　　　　　　/ 113

明星作家是杀人恶魔——杰克·乌特维格　　　　　　　　　/ 125

拥有天使面孔的夫妻杀手——伯纳德和卡拉　　　　　／ 135

凶手的年龄只有 10 岁——乔恩和罗伯特　　　　　　／ 147

徘徊在机场的连环杀手——约翰·马丁　　　　　　　／ 159

将儿子培养成犯罪工具——桑特·基姆斯　　　　　　／ 169

创下韩国最高杀人记录——柳永哲　　　　　　　　　／ 179

到豪华酒店去杀人——颂吉·蓬普旺　　　　　　　　／ 187

第一次杀人就像初恋般难忘——亚历山大·皮丘希金　／ 197

伤亡最为惨重的校园枪击案——赵承熙　　　　　　　／ 211

截然不同的姐妹二人——乔安娜·丹尼希　　　　　　／ 223

Criminal Psychology

世界上体积第二大的大脑——

爱德华·鲁洛夫

1870 年，纽约宾厄姆顿发生了一起盗窃案，被盗的是一家绸缎店。案发时正值深夜，绸缎店早已关门，店内有两个员工值班。盗贼一共有 3 人，他们似乎并不想惊动这两名员工，于是就熏了氯仿进去，想趁两名员工昏迷之际溜进店内偷东西。

当 3 名盗贼觉得时机成熟了，就进入绸缎店内，两个员工一下子就被惊醒了。这时，其中一名盗贼突然掏出枪朝着一个名叫弗雷德里克·梅里克的员工开了一枪，弗雷德里克当场毙命。

这声枪响惊动了警察，3 名盗贼为了摆脱警察的追捕，就朝着一条河跑去，他们想要搭乘一艘渡船，到河对岸去。但是 3 名盗贼没有赶上渡船，为了摆脱紧随其后的警察，他们 3 个人直接跳进了河里，想要游到河对岸去。渡河期间，有两名盗贼因体力不支溺死在河中，只有一名盗贼成功游到了河对岸。

上岸后，这名盗贼直接去了火车站，准备搭乘火车离开当地，结果被等在火车站的警察逮了个正着。这个人名叫爱德华·鲁洛夫，曾因涉嫌杀害妻女被捕。

鲁洛夫 20 岁时，曾因贪污公款被判入狱两年。之前，他在一家律所工作，是个非常有前途的律师。出狱后，背着贪污公款的罪名，鲁洛夫在法律界再也混不下去了，于是他就搬到了纽约，并找了一份当老师的工作，开始努力学习植物医学，师从一位名叫亨利·布尔的教授。起初，鲁洛夫与布尔教授相处得很愉快，后来两人不知因为什么矛盾闹得非常不愉快。

鲁洛夫通过布尔教授认识了一个名叫哈丽特·舒特的 17 岁少女，她是布尔教授的侄女。在哈丽特看来，鲁洛夫是个颇具才华的男人，让她为之倾倒。后来哈丽特不顾家人的反对，与鲁洛夫结为夫妇，由于她还未到法定结婚年龄，她与鲁洛夫的这段婚姻并未马上得到法律的认可。

哈丽特在和鲁洛夫相处了一段时间后发现，鲁洛夫并非表面上看到的那样绅士，相反他是个不可理喻的人，比如他不允许哈丽特与布尔教授接触。有一次鲁洛夫看到哈丽特和布尔教授行贴面礼，他立刻就受不了了，当场将哈丽特拽到一边，给了哈丽特一个药瓶，说里面装着毒药。然后鲁洛夫逼迫哈丽特将毒药喝下，还说要和哈丽特一起殉情。鲁洛夫还说，这瓶毒药其实是给他的侄女和弟媳准备的。哈丽特被鲁洛夫的举动吓坏了，当场就大喊救命，鲁洛夫立刻换了一副嘴脸，说自己只是在开玩笑而已。

哈丽特并未因此离开鲁洛夫，甚至还为他生下了一个女儿。后来鲁洛夫提出离开纽约，到俄亥俄州生活，想要在那里找一份律师或大学教授的工作。哈丽特觉得鲁洛夫这个建议不错，于是就带着女儿跟着鲁洛夫离开了纽约。其实，鲁洛夫这么做只是为了孤立哈丽特，让她远离自己的亲人。

1844 年 6 月 22 日，哈丽特和鲁洛夫发生了口角，她对鲁洛夫说不想在这里继续待下去了，要带着女儿回纽约。鲁洛夫被激怒了，他说哈丽特回纽约就是想去找布尔那个老家伙，他还污蔑哈丽特与布尔有私情。后来鲁洛夫用一根药杵用力击打哈丽特的脑部，哈丽特当场死亡。

杀死哈丽特后，鲁洛夫去了邻居家，他对邻居说想带着妻子女儿出城几天，于是邻居将马车借给了鲁洛夫。回到家后，鲁洛夫将女儿杀死，然后将妻女的尸体扔进卡有加湖，之后就驾着邻居的马车匆匆离开了。

纽约的舒特一家人都很关心哈丽特的状况，当他们与哈丽特的联系中断后，立刻怀疑上了鲁洛夫，于是到警察局报案，指控鲁洛夫杀死了哈丽特。鲁洛夫向警方解释说，哈丽特是个水性杨花的女人，和别的男人私奔了，为此他还伤心了很长时间。之后，鲁洛夫就再也没有出现过。哈丽特的哥哥一直坚信是鲁洛夫杀死了自己的妹妹，想尽一切办法找到了鲁洛夫的踪迹，并将他抓回纽约接受审判。

对于一个曾经从事过律师工作的人来说，鲁洛夫十分清楚，只要警方找不到哈丽特母女的尸体，那么就不能以谋杀罪将他定罪。在庭审期间，鲁洛夫紧紧抓住了这一点。最终陪审团一致认定哈丽特的失踪与鲁洛夫密切相关，鲁洛夫以绑架罪被判处了 10 年监禁。

在监狱里，鲁洛夫是个相当特别的犯人。他的智商很高，有一种十分特殊的能力，即能轻易地让其他人相信他是个相当厉害的人。一段时间后，狱警们都觉得鲁洛夫是个学习能力很强的犯人，于是就让鲁洛夫担任了犯人们的老师。鲁洛夫一边自学语言学，一边吹嘘自己一定会名震语言学的圈子。

不过当地检察官并不准备放过鲁洛夫，依旧要以谋杀哈丽特的罪名起诉鲁洛夫，于是鲁洛夫就用自己掌握的法律知识开始和检察官周旋起来。后来检察官只能放弃以谋杀哈丽特的罪名起诉鲁洛夫，不过检察官又以杀女的罪名来起诉鲁洛夫。让鲁洛夫意外的是，他很快就被定罪了。

不久，鲁洛夫就成功从监狱里逃走了。不过鲁洛夫并非依靠一己之力逃出监狱的，这多亏了他的学生——狱警艾伯特·贾维斯，艾伯特曾跟随鲁洛夫学习过希腊语和拉丁语。

鲁洛夫来到了宾夕法尼亚州，并摇身一变成了一名博学的发明家，在当地颇有名望，还当上了大学教授。当鲁洛夫以为自己将要在学术界大展宏图的时候，艾伯特联系上了他。艾伯特说他没钱了，如果鲁洛夫不给他钱，他就举报鲁洛夫。于是鲁洛夫只能去珠宝店抢劫，企图给艾伯特弄一笔钱。

鲁洛夫的抢劫并不成功，他被当地警方抓住，并送回纽约重新接受审判。让人意外的是，当地检察官却突然撤销了对鲁洛夫抢劫杀人的指控，他被无罪释放。

鲁洛夫在纽约定居下来，他与艾伯特成了合作伙伴，后来两人因偷窃罪被捕入狱。在监狱里，鲁洛夫认识了一个名叫威廉的犯人，两人很快就成了无话不谈的好朋友。在监狱中，鲁洛夫继续研究语言学，还写了一篇学术文章，向美国语言协会索要 50 万美元，但语言协会根本没有回应他。

两年后，鲁洛夫出狱了。不久，鲁洛夫就和威廉、艾伯特商量着去纽约一家绸缎店抢劫，结果三人失败了，威廉和艾伯特还丧命于河中，鲁洛夫也被警方抓到并接受审判。

在法庭上，鲁洛夫以十分自信的姿态为自己进行辩护，企图获得无罪释放。但法官却记得他，他曾因谋杀妻子和女儿被起诉过。这一次，检察官提供了大量证据。鲁洛夫这次没能逃脱法律的制裁，他被判处了死刑。

1871 年 5 月 18 日，鲁洛夫站在了绞刑架上等待行刑。不过鲁洛夫似乎对即将到来的死亡没有丝毫的恐惧，他对行刑的人说了一句："快点！我还想下地狱时赶上吃晚餐呢！"

鲁洛夫死后，科学家们纷纷表示对他的大脑构造十分感兴趣，于是就将鲁洛夫的大脑从他的颅骨中取了出来，并测量了他的大脑的体积，结果发现鲁洛夫的大脑体积很大，是世界上体积第二大的大脑，体积第一大的大脑是著名物理学家阿尔伯特·爱因斯坦。至今，鲁洛夫的大脑还被保存在康奈尔大学的科学馆里。在当时的科学家们看来，鲁洛夫体积如此大的大脑可以解释他为什么颇有才华，因为按照当时的观点，大脑越大、越重的人越聪明。

【角色面具】

　　每个人都有属于自己的角色分工。通常情况下，一个人的职业决定了他所扮演的角色。角色分工对于我们来说十分重要，可以帮助我们去组织这个复杂的社会。但对于像鲁洛夫这样毫无良知的反社会人格者来说，角色却可以成为他的面具，帮助他达到自己的目的。例如鲁洛夫越狱后，在宾夕法尼亚州到处宣称自己是个博学的发明家，他给自己戴上了发明家的面具，于是人们会以发明家的标准去看待他，这有助于鲁洛夫掩盖自己毫无良知的人格缺陷。即使鲁洛夫出现了一些令人难以理解的不正常行为，发明家和大学教授这两个角色面具都会帮他打消人们的质疑，毕竟人们对发明家和大学教授的印象都很好。许多诈骗犯也十分擅长利用角色面具来实施诈骗，例如有的罪犯会假扮成军人或警察，对一些女性骗钱骗色。对于许多人来说，提起军人或警察，脑海里往往会涌现出正面的形象，会不自觉地觉得眼前的人很可靠。

　　在鲁洛夫最后一次被捕时，他想再一次利用角色面具为自己开脱，试图营造出一个才华横溢的形象，让人们都相信他是个难得一见的天才。例如鲁洛夫会在监狱里研究学问，甚至还写论文。于是许多人都觉得将鲁洛夫这样的天才处死是一件憾事，就连大文豪马克·吐温都觉得，像鲁洛夫这样才华横溢的人不应该处死，甚至还提出使用《双城记》里的办法，找一个人替鲁洛夫去死。马克·吐温还认为如果处死鲁洛夫，将会是人类的一大损失。幸运的是，法官并未被鲁洛夫的天才面具所蛊惑，因为他始终记得鲁洛夫是个杀害妻女的凶手。法官所关注的并非是鲁洛夫所扮演的角色，而是他的罪行。

Criminal Psychology

法国现实版的蓝胡子——

亨利·兰德鲁

在圣地亚哥，有一个死亡博物馆，该博物馆成立于1995年，起初只是一对夫妻的住所。这对夫妻在写一部连环杀人小说时，收集了许多资料，包括一些连环杀手的东西。后来，这对夫妻每年都会为笔友们举办一次展览。渐渐地，夫妻二人收集的和死亡相关的物品越来越多，他们就将这户民居变成了一个博物馆，而镇馆之宝则是法国著名连环杀手"蓝胡子"亨利·兰德鲁的脑袋。

蓝胡子是法国诗人夏尔·佩罗所创作的一则童话故事中的角色。蓝胡子是个罪犯，他为了骗钱，会将某个女人勾引到手，然后和她结婚，再将其杀掉，侵吞她的财产。蓝胡子为了钱，杀掉了好几任妻子，最后被妻子的哥哥杀死。

兰德鲁则被称为现实版的蓝胡子。他所犯的罪行与蓝胡子几乎一样，他勾引了11名女性，然后骗取她们的钱财，最后将她们一一杀死。

与许多连环杀手不同，兰德鲁成长于一个父慈母爱的普通家庭，从未遭受过虐待，他与父母之间的关系也很不错。1868年，兰德鲁出生于巴黎一个普通家庭，他的父亲在一家钢铁公司上班，母亲是家庭主妇。兰德鲁的母亲对待丈夫和孩子的态度总是很温柔，父亲的脾气也很好，他们给予兰德鲁的关爱一点也不少。

长大后，兰德鲁被送到一所天主教学校读书，还利用业余时间参加了唱诗班。17岁时，兰德鲁进入一所很有名气的机械工程学院读书，所学专业是工程学，他在学校的表现良好。1年后，兰德鲁应召到法国军队服役。4年后，兰德鲁以中士的身份退役。

退役后不久，兰德鲁就与表姐里米结婚了。对于这段婚姻，兰德鲁的父母并不看好，但碍于里米已经怀孕，于是只好同意两人结婚。后来，里米为兰德鲁生下了一个女儿，兰德鲁为了承担起家庭的责任，到一家公司当职员。

工作没多久，兰德鲁就遭遇了诈骗，这让他本来就不富裕的生活变得更加拮据。兰德鲁虽然报了警，但骗子却没有找到，他只能自认倒霉。不过这次遭遇让兰德鲁有了一个赚钱的想法，他觉得诈骗是一种非常不错的赚钱方式，很轻松就可以赚到钱，于是兰德鲁开始想办法进行诈骗。

兰德鲁开了一家公司，专门倒卖二手家具。兰德鲁的顾客以寡妇为主，一方面他很擅长和女人打交道，在他还在天主教学校读书的时候，就发现自己很受女人欢迎；另一方面，一些寡妇为了生活会不得不变卖家具。于是，兰德鲁就盯上了这些寡妇，企图从寡妇身上骗钱。

为了让这些寡妇们乖乖把钱交给自己，兰德鲁会先得到她们的信任，这对兰德鲁来说并非难事，他本就很擅长赢得女人的芳心。在与她们相处了一段时间后，兰德鲁就会找准时机提及自己有个非常不错的投资项目，可以得到很高的收益。一般情况下，寡妇们都会将自己仅有的积蓄交给兰德鲁，她们很信任他，希望兰德鲁能帮自己赚些钱。但这只是兰德鲁精心制造的骗局，根本没有什么投资项目，她们的钱都被兰德鲁据为己有。

时间长了，寡妇们不见收益，也拿不回自己的本金，就开始怀疑上当受骗了。有些受害者选择了沉默，有的则报了警。1900年，兰德鲁因诈骗罪入狱，他被判了两年。在服刑期间，兰德鲁曾出现多次自杀行为，每次都被狱警及时发现并制止。

出狱后，兰德鲁继续靠诈骗生活。在接下来的 3 年内，兰德鲁屡次因诈骗入狱，不过每次入狱的时间都很短暂。

1908年，兰德鲁再次因诈骗入狱，这一次他企图通过骗婚从一个富婆那里得到一笔巨资，但这个富婆及时发现了兰德鲁的骗局，不仅没和兰德鲁结婚，还将他告上了法庭。这一次，兰德鲁被判了5年。

兰德鲁的父母得知儿子的所作所为后，纷纷表示气愤和不解，而他的父亲则觉得兰德鲁给自己带来了巨大的耻辱，一气之下上吊自尽了。兰德鲁的母亲则因受不了接连的打击而病倒了，没等兰德鲁出狱就撒手人寰。

没有人知道兰德鲁在坐牢时想了些什么，从他出狱后杀人夺财的罪行中可以推测，他坐牢期间不仅没有悔改，反而一直在思考自己为什么会屡次入狱。显然，在兰德鲁看来，他之所以会屡次因诈骗而入狱，并不是由于他实施诈骗的行为，而是由于他没有杀人灭口，如果他在获得她们的财产后，将她们一一杀死，并毁掉她们的尸体，就会神不知鬼不觉地得到更多的金钱，过上富裕的生活。出狱后，兰德鲁开始实施自己的邪恶计划。

兰德鲁在巴黎报纸的"孤独的心"专栏上刊登相亲广告："43岁，丧妻，有两个孩子，有稳定的收入和一定的社会地位，期望觅得一位寡妇共度余生。"

当时的法国正处于第一次世界大战和经济大萧条时期，许多男人都应征入伍，被派往前线参加战争，有不少人都丧命于这场战争，这导致许多女人成了寡妇，她们不仅要面对丈夫的死亡，还要应对贫困的生活。对于她们来说，像兰德鲁这样的鳏夫是很理想的对象。于是兰德鲁收到了许多寡妇的来信，他每天都在认真阅读这些信件，以从中寻找合适的下手对象。

库切特夫人是一名39岁的寡妇，丈夫战死后，她得到了政府的一大笔抚恤金。她在一家内衣店工作，儿子安德烈已经16岁了。当库切特从报纸上看到兰德鲁的相亲广告后，就和兰德鲁取得了联系。

库切特在与兰德鲁见面后，立刻想要和对方结婚共度余生，她对兰德鲁的各个方面都很满意。后来，库切特将自己想要再婚的消息告诉了哥哥，她说这个男人名叫迪亚尔（兰德鲁使用的假名），是个工程师。库切特的哥哥一听，觉得迪亚尔的条件不错，就让妹妹约个时间，自己要和迪亚尔见一面。

兰德鲁将库切特和她的哥哥带到了自己位于尚蒂伊的别墅里。在这里，库切特的哥哥意外发现一个箱子，里面都是其他女人写给兰德鲁的信。库切特的哥哥觉得兰德鲁很可能是个骗婚的人，就不同意妹妹与他在一起。

对于库切特来说，兰德鲁就是自己的后半生所托之人。为了和兰德鲁顺利结婚，库切特就不再与哥哥联系。库切特本以为自己会过上幸福的生活，实际上她已经步入了兰德鲁的死亡陷阱，成了他手下的猎物。

1915 年 1 月，库切特带着儿子安德烈和兰德鲁搬到了韦尔努耶的一栋别墅里居住。24 日后，库切特和安德烈失踪了，周围的人再也没有见过他们母子。2 月份，兰德鲁在银行开了一个账户，并存进了 5000 法郎，兰德鲁对外声称他从父亲那里继承了一笔遗产。实际上，这笔钱是兰德鲁从库切特那里得到的，而库切特和安德烈已经被兰德鲁杀害，他们的尸体则被兰德鲁肢解后放进壁炉内烧掉了。在之后的作案中，兰德鲁也采用了相似的作案手法，这导致警方无法找到被害人的尸体，只能将被害人列为失踪人口。

兰德鲁杀害的第二位女性是拉博德夫人，她是阿根廷移民，丈夫因肺癌过世，生前曾是一家大酒店的老板。拉博德轻易地落入了兰德鲁的陷阱里，她还告诉朋友们，她交了一个富有魅力的巴西工程师男朋友，而且两人就要结婚了。

拉博德在和兰德鲁交往了几个月后，就听从了兰德鲁的建议，搬到了韦尔努耶的别墅里，开始了同居生活。从那以后，拉博德就失踪了，人们只见过兰德鲁从拉博德以前居住的房子里搬走家具。

第三名被害人是一名 51 岁的寡妇——吉兰夫人。1915 年 8 月，吉兰搬到韦尔努耶的别墅里和兰德鲁同居，之后就失踪不见了，凡是认识吉兰的人都再也没有见过她。

第四名被害人是希尔太太，在 1915 年 11 月失踪，最后一次出现的地方也是韦尔努耶。

第五名被害人是安妮太太，在 1915 年 12 月失踪。

第六名被害人是一个名叫芭比莉的女仆。与之前的被害人不同，芭比莉没有和兰德鲁建立男女朋友关系。她不是寡妇，也没有钱，只是在路过韦尔努耶时被兰德鲁杀害。或许是芭比莉发现了兰德鲁见不得人的秘密，兰德鲁为了阻止芭比莉去报警，于是就选择了杀人灭口。

在芭比莉死后很长一段时间内，兰德鲁没有再作案，可能是芭比莉的意外让兰德鲁提高了警惕。后来，兰德鲁将韦尔努耶的别墅卖掉，在甘巴伊思买了一栋占地面积更大的别墅，别墅里有一个很大的火炉。

第七名被害人是一个十分有钱的寡妇——布韦松太太。兰德鲁在 1916 年末将布韦松追到手，为了方便下手，兰德鲁用尽了所有手段，终于让布韦松和家人断绝了联系，甚至抛弃了自己未成年的儿子。1917 年 4 月，布韦松搬进了兰德鲁新买的别墅里，之后再也没人见过布韦松。

第八名被害人是豪梅太太，在 1917 年 9 月和兰德鲁认识，一个月后就失踪了。

第九名被害人是 38 岁的帕斯卡，在 1918 年 3 月失踪。

第十名被害人是玛丽，是个落魄的交际花，在兰德鲁的二手家具店与兰德鲁认识，之后两人就成了情人。从 1918 年年末起，玛丽再也没有出现过。

在 1915 年到 1918 年期间，兰德鲁一共杀害了 10 名女性，还有一名被害人的儿子，他总共杀死了 11 个人。这些被害人的尸体都被兰德鲁肢解并烧毁，警方根本无法立案，而且兰德鲁在行骗杀人时，所使用的名字都是假的，每次所使用的假名都不一样。兰德鲁有一个笔记本，上面记录着他所使用的假名以及所对应的被害人。

1919 年，兰德鲁引起了一个名叫拉科斯的女人的怀疑，她是被害人布韦松的妹妹。在姐姐抛弃儿子，执意与兰德鲁结婚后，她收养了姐姐的儿子。在此期间，拉科斯一直试图和姐姐通信，但一直没有收到回信，这让她觉得很可疑。后来，布韦松的儿子因病去世了，拉科斯就写信将此事告诉了姐姐，并让姐姐出席葬礼。但拉科斯不仅没有收到姐姐的回信，姐姐也没有出现在葬礼上，她觉得很奇怪，就专门到甘巴伊思寻找布韦松。

来到甘巴伊思后，拉科斯到处打听布韦松的下落。后来，拉科斯还去找了镇长，结果镇长告诉她，他们镇上从来没有过一个名叫布韦松的女人。没过多久，拉科斯就遇到一个同样在寻找姐姐的女人，她的遭遇与拉科斯非常相似，而且二人所描述的那个骗走姐姐的男人的长相也很相似，脸上长满了胡子。她们觉得很蹊跷，于是就报了警。

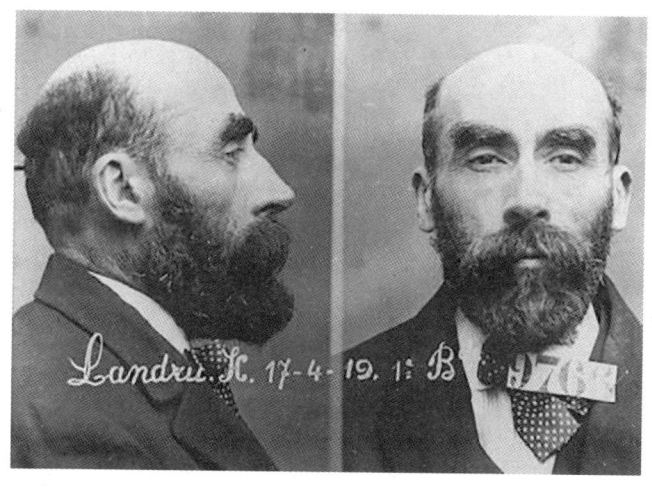

警方根据二人所提供的线索，找到了兰德鲁的别墅，但里面空无一人，周围的邻居也不知道兰德鲁的下落，警方只好放弃继续调查。

但拉科斯没有放弃，她开始在巴黎到处寻找兰德鲁的下落。她虽然知道兰德鲁使用了假名，但对兰德鲁的长相却记忆深刻。1919 年 4 月 12 日，拉科斯在一家洗衣店看到了兰德鲁，当时兰德鲁正搂着一个女人走进一家酒店。警方在接到拉科斯的报案后，立刻对兰德鲁发出逮捕令。

当兰德鲁意识到自己已经被警察盯上的时候，立刻跑回了家，他将一个笔记本从窗户内扔了出去。这个笔记本上记载着兰德鲁所杀妇女的名字以及她们的财产记录。很显然，兰德鲁觉得这是罪证之一，他不想让警察发现。不过警方在后来的搜查中发现了这个笔记本。

在审讯中，兰德鲁一直拒绝与警方交谈。根据当时法国的法律，如果找不到被害人的尸体，就不能指控杀人罪。后来警方还专门到兰德鲁位于甘巴伊思和韦尔努耶的别墅寻找证据，并进行了挖掘，但就是没有找到尸体和残骸。于是警方只能指控兰德鲁贪污，在之后的两年内，双方一直僵持着。

在此期间，警方一直在兰德鲁的别墅里寻找和挖掘，但根本没有找到任何可疑的东西，警方开始怀疑兰德鲁用硫酸等化学品溶解掉了尸体。后来，警方从兰德鲁的邻居那里了解到，兰德鲁别墅的烟囱里常常会冒出难闻的黑烟。于是警方就搜查了别墅里的壁炉，从壁炉里找到了一些人类的骨头和牙齿碎片，还有女人衣服上的别针。

有了这些证据，警方立刻以杀人罪起诉兰德鲁。1921 年，兰德鲁接受了审判。在法庭上，兰德鲁不仅拒不认罪，还动用一切关系来阻止法庭的审判。最终，兰德鲁因 11 项谋杀罪被判处死刑。1922 年的冬天，兰德鲁被移送到凡尔赛接受死刑。在被斩首后，兰德鲁的头颅并未下葬，而是经过防腐处理后被博物馆收藏。

【为了个人利益的蓄意谋杀】

兰德鲁成长于一个普通家庭，他少年时从未出现过盗窃等劣迹，也从来没有招惹过警察，怎么看兰德鲁都不应该成为一个杀死 11 个人的连环杀手。但从兰德鲁后来的犯罪行为中可以看出，他是一个冷酷且不会内疚，而且又十分擅长撒谎的人。这样的人被称为精神变态，有着一定的危险性，因为他的道德体系非常易碎，甚至可以说是为了适应社会伪装出来的。

在实施诈骗和杀人之前，兰德鲁在周围人眼中就是一个再普通不过的人，他有一个正常的家庭和一份工作。同时，兰德鲁还是一个十分富有魅力的人。他虽然长得并不英俊，却能轻易赢得女人的芳心，还能让被害人切断与家人的联系，甚至是抛弃未成年的儿子。对于任何一个有正常情感的人来说，就算决定再婚，将心比心，也不会唆使对方抛弃自己的孩子。

对于像兰德鲁这样的精神变态者而言，只要他觉得有必要，就会诉诸暴力，哪怕是杀人。从兰德鲁的犯罪经历中可以看出，他的目的只是图财。所以，最初兰德鲁只是诈骗，并未出现暴力行为。但当他意识到被害人会报警，自己会入狱时，就产生了杀人的念头，以达到安全获得被害人财产的目的。

Criminal Psychology

心智只有 10 岁的连环杀手——

约翰·斯坦分

1951 年 8 月 8 日，英国巴斯市的一个 9 岁小女孩西西里·巴特斯通失踪了。后来，西西里的尸体在巴斯市郊外的一个牧场被人发现。除了脖子处的掐痕外，西西里的尸体上没有任何伤痕，而且也没有遭到性侵。

警方在之后的调查中得知，西西里在失踪前曾和一个名叫约翰·斯坦分的精神病人待在一起。斯坦分由于智力缺陷，长期在精神病院里接受治疗，不过斯坦分从未表现出暴力倾向，精神病医生也从来不认为他会给周围人带来威胁。

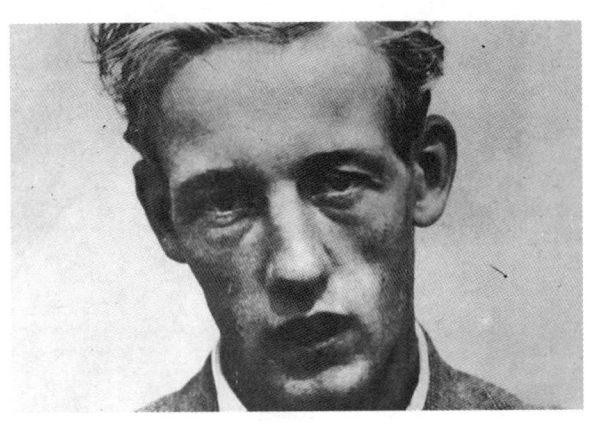

很快，斯坦分就被警方逮捕了。斯坦分是在去看电影的路上遇到西西里的，他说要带西西里去个好地方，于是西西里就上了斯坦分的车。斯坦分在将西西里带到郊外的牧场后，就掐死了她。

其实在西西里遇害前，斯坦分还杀死了一个 5 岁的小女孩布伦达·哥达德。在案发的 7 月 15 日，斯坦分在去看电影的路上看到了布伦。当时布伦达正在摘花，他上前对布伦达说，自己知道有个地方的花长得更漂亮。布伦达一听立刻表示自己想去，于是斯坦分带着布伦达离开了。

斯坦分带着布伦达来到一个偏僻的地方，他说只要他们能翻过栅栏，就可以看到漂亮的花。于是斯坦分将布伦达托起，在翻栅栏的时候，布伦达不小心摔了下去，由于头部先着地，布伦达当场就昏了过去。看着昏迷的布伦达，斯坦分没有救人，而是用双手掐住了布伦达的脖子，并渐渐用力，直到将布伦达掐死。之后，斯坦分就离开了，继续去看电影。

当警方接到报案后，立刻找到斯坦分问话。斯坦分根本不承认自己杀害了布伦达，警方也没有继续追查下去，毕竟斯坦分从未出现过暴力袭击他人的行为。如果当时警察能及时逮捕斯坦分，就不会再有一个小女孩遇害了。

1951 年 10 月 17 日，斯坦分因杀害西西里接受审判。在审判过程中，精神病医生彼得·帕克斯出庭作证，斯坦分有精神病史，不具备刑事责任能力。法官奥利弗认同了帕克斯的说法，他表示在英国，精神病人就像婴儿一样，无法理解自己的行为，因此审判不具有任何意义。

最终，奥利弗法官判定斯坦分精神失常，谋杀罪名不成立。之后，斯坦分就被送到伯克郡的布罗德莫精神病院，并承担起精神病院里的清洁工作。

1952 年 4 月 29 日，伯克郡的法利山公园发生了一起命案，死者是一名 5 岁小女孩，名叫琳达·鲍耶，在她的尸体旁还有一辆儿童自行车。显然，琳达是在公园里骑自行车的时候被人杀害的。

警方很快抓住了杀害琳达的凶手，他就是斯坦分。在案发当天，精神病院安排斯坦分外出做清洁工作。斯坦分就准备好便服，利用此次机会逃出。在获得自由后，斯坦分立刻脱掉了精神病院的工作服，换上了便服，他来到法利山公园，看到了正在骑自行车的琳达。

1952 年 7 月 21 日，斯坦分因杀害琳达接受审判。这一次，斯坦分想像上次一样利用精神失常进行无罪辩护，但并未成功。斯坦分以正常人的身份接受了审判，最终因谋杀罪被判处死刑。对这一判决结果，斯坦分表示不服，他声称要上诉到英国的上议院，而且拒绝离开法庭。

后来法庭考虑到斯坦分有智力缺陷，且难以进行学习，于是就将死刑的判决结果改成了终身监禁。2007 年，斯坦分在监狱里去世。

1930 年，斯坦分出生于英国汉普郡一个普通家庭，在家中的孩子里排行第三。两岁时，斯坦分的父亲被派往印度服役，于是一家人就去了印度。6 岁时，斯坦分在印度患上了脑炎，这是一种十分凶险的疾病，不过斯坦分战胜了疾病，并渐渐好转，家人都觉得斯坦分很幸运。

1938 年 3 月，斯坦分一家已经在印度待了 6 年。他的父亲从军队退役后，一家人就离开了印度，回到英国，并在巴斯市定居。

在斯坦分渐渐长大后，他的父母开始发觉他好像有点不正常，整个人看起来很呆滞，好像脑子坏掉了。由于父母的工作都很忙，根本没时间管斯坦分，就没有带他去医院，直到斯坦分出现偷窃行为。

1938 年 10 月，斯坦分出现了偷东西和逃学的行为，他的父母立刻将儿子送到了儿童心理诊所。不过斯坦分的精神问题并未得到治疗，在 1939 年 6 月，斯坦分因偷窃罪接受审判。

在审判过程中，一名缓刑官注意到，斯坦分的智力似乎有严重缺陷，好像一个没有是非观念的孩子一样，无法分辨对错，更无法理解缓刑的意思。于是缓刑官在判处斯坦分两年缓刑后，就给他安排了一个精神科医生。

在经过一系列的检查后，精神科医生得出一个结论，斯坦分有严重的智力缺陷，智商与实际年龄严重不符。1940 年，斯坦分接受了智商测试，测试结果显示他的智商只有 58，虽然他的年龄是 10 岁，但只有 6 岁的智商。于是斯坦分被安排到特殊的学校接受教育，因为英国在 1913 年颁布了《精神发育迟滞法》。

16 岁时，斯坦分再次接受智商测试。这次测试结果显示，斯坦分的智商已经有所提高，达到了 9 岁的智商水平。于是他被批准回到巴斯市和家人团聚，还在一家制衣厂找到了一份工作。

1947 年 9 月，斯坦分再次被捕，因为他在与一名女性发生争执后，掐死了她家的 5 只小鸡。由于精神鉴定结果显示斯坦分具有严重的智力缺陷，所以他被送到了英国西部的一座改造所。

这座改造所戒备森严，斯坦分在这里几乎没有什么自由。后来斯坦分由于表现良好被安排到一座农场接受劳动改造，这里的戒备相对松懈。有了少许自由的斯坦分开始出现小偷小摸的行为。有一次，斯坦分偷了一袋胡桃被发现，之后他就被送到了改造所。之后，斯坦分私自离开改造所。后来警方在斯坦分的家里找到了他。当斯坦分看到警察后，不仅不配合，还拼命抵抗。

1951 年，斯坦分在改造所的安排下去了附近的一家医院接受检查。医生们在检查斯坦分的大脑时，发现他大脑的皮层与正常人不同，明显受损。医生们认为斯坦分的智力缺陷很可能就是大脑皮层异常引起的，而且很可能与他 6 岁时的脑炎相关。

斯坦分一直很讨厌改造所的生活，他觉得在这里完全没有自由，还经常要去劳动，就像坐牢一样。后来斯坦分将这一切都归结到警察身上，如果不是警察将他强制抓来，他就不用那么痛苦地待在改造所，为此他十分憎恨警察。在因杀害琳达被判处死刑后，斯塔分表示他会变成如今这样，全都是警察害的。

一直到 21 岁，斯坦分依旧被强制留在改造所，因为他的智力依旧有严重缺陷，根据《精神发育迟滞法》，他不能像正常人一样自由生活。不久之后，斯坦分的父母提出了上诉，他们认为儿子不应该被当成智障关起来，应该获得自由。

1951 年 7 月 10 日，斯坦分在巴斯市的一家医院里接受了检查。检查结果显示，斯坦分已经具有 10 岁的智商，不过医生却建议斯坦分继续接受改造。法庭并未采纳医生的建议，批准斯坦分获得自由。离开改造所后，斯坦分的确自由了，但 3 个小女孩却丧命于他的手下。

【智力因素是刑事责任能力的核心】

司法精神鉴定者在判断一个人是否具有刑事责任能力时，会将智力因素作为核心进行考虑。智力是一个人最基本的心理能力，从出生起就已经开始显现。随着一个人年龄的增长，他的智力也会随之增长。当一个人步入成年后，他的智力会渐渐发展成熟，并趋于常态。智力决定着一个人在面对现实生活时所具备的能力。如果一个人有智力缺陷，智商在 70 以下，那么就意味着他会存在学习障碍，无法应对现实生活。所以斯坦分会被强制送到改造所接受改造。

一个人应对现实生活的能力虽然都是后天养成的，但需要一定的智力基础。像斯坦分这样有严重智力缺陷的人，无论后天如何努力都无法像正常人一样应对现实生活，因此他不具备最基础的智力，也就无刑事责任能力了。

Criminal Psychology

就连母亲也嫌弃他丑陋——

哈维·莫里·格拉斯曼

有两名巡警在路过距离洛杉矶 200 千米的一处沙漠时，发现有一对男女正在互相殴打，女子的腿上流了许多血，好像受了很严重的伤。两名巡警立刻上前制止两人，并将他们带回了警察局。

受伤女子名叫洛林·维吉尔，她告诉警方自己在报纸上看到一则寻找模特的广告后，就与该男子取得了联系。男子在与洛林见面后，就建议到沙漠拍照。洛林跟着男子来到了沙漠。当男子提出要加入捆绑的元素时，遭到了洛林的拒绝，于是两人扭打在一起。在此期间，男子掏出了一把枪并扣动了扳机，直接击中了洛林的腿部。洛林虽然疼痛难忍，但依旧坚持反抗，直到巡警赶来解救了她。

袭击洛林的男子名叫哈维·莫里·格拉斯曼，曾在警察局留过抢劫、猥亵的案底。在审讯中，格拉斯曼交代了自己所犯下的 3 起凶杀案。如果不是洛林激烈地反抗，那么她就是第 4 名被害人。

第一名被害人名叫朱迪斯·安·杜尔，是一个年轻的模特。1957 年 7 月 31 日，格拉斯曼认识了朱迪斯，他对朱迪斯说自己是个很有名的摄影师。在得知朱迪斯十分渴望成名后，格拉斯曼表示他可以帮朱迪斯拍摄一组照片，并保证一定会让朱迪斯成名。朱迪斯立刻被说动了，一口答应，并和格拉斯曼约定了拍摄日期。实际上，格拉斯曼屡次因猥亵女性入狱，而且觉得扮演成色情杂志的摄影师，美丽的模特会轻易上当，并按照他的要求摆出各种性感的姿势。

当朱迪斯来到格拉斯曼所提供的场地后，格拉斯曼提出了一个全裸出镜的要求，还要加入捆绑元素，因为这样的照片更能吸引人们的注意。朱迪斯觉得格拉斯曼说得很有道理，于是就同意了，任由格拉斯曼将自己捆绑在一个 X 形的木架上。

在拍摄了几张照片后，格拉斯曼放下相机，并不怀好意地走近朱迪斯。当朱迪斯意识到自己可能会被强奸时，立刻反抗起来，但她的手脚都被捆住了，根本无法动弹，只能任由格拉斯曼施暴。

完事后，格拉斯曼开始担心朱迪斯会报警，这样他就会再次入狱，之前他所猥亵的女人都报了警，格拉斯曼再也不想进监狱了。于是他就解开绑在朱迪斯手脚上的绳子，并胁迫朱迪斯上车，然后他将车开到了距离洛杉矶 200 千米的一个荒无人烟的沙漠里。

停好车后，格拉斯曼强迫朱迪斯下车，并命令朱迪斯脱光衣服，然后开始给朱迪斯拍照。朱迪斯或许意识到了危险，不断恳求格拉斯曼放过自己，并承诺绝对不会去报警。但格拉斯曼根本不相信，在拍完几张照片后，就勒死了朱迪斯。

格拉斯曼对朱迪斯的尸体进行了就地掩埋。处理完一切后，格拉斯曼突然觉得有些内疚，于是就在朱迪斯的坟墓旁痛哭了一会儿，希望朱迪斯能原谅他。

这是格拉斯曼第一次杀人。他一直很担心警方会发现朱迪斯的尸体，并怀疑上自己。每次看到巡逻的警察时，格拉斯曼都会变得十分紧张。

或许是出于对进监狱的畏惧，在之后的几个月内格拉斯曼都没有再作案。随着时间的推移，格拉斯曼的担忧渐渐减轻，他开始拿着朱迪斯的照片欣赏。当格拉斯曼看着照片中的朱迪斯时，发现朱迪斯很漂亮，于是就将朱迪斯的照片放大，贴在房间的墙壁上。

格拉斯曼杀死的第二个女性名叫雪莉·安·布里奇福德，24岁，是某个单身俱乐部的成员。格拉斯曼在以假名加入该单身俱乐部后，立刻注意到了年轻漂亮的雪莉，于是开始追求雪莉。但格拉斯曼的相貌有些丑陋，雪莉就拒绝了他。这让格拉斯曼很恼火，他从小就在相貌问题上饱受嘲笑，于是便想杀死雪莉。

1958年3月8日，雪莉答应和格拉斯曼见一面。格拉斯曼开着车来到约定地点等待雪莉，雪莉一出现，他立刻将雪莉胁迫到车上，然后开着车来到了一片荒芜的沙漠，这里正是他杀死朱迪斯的地方。格拉斯曼在强奸雪莉后，开始拍雪莉的裸照，最后将雪莉勒死。

与第一次杀人不同，格拉斯曼杀死雪莉后并没有负罪感，反而十分兴奋，并开始寻找下一个被害人。于是，格拉斯曼在报纸上刊登了一则招聘模特的广告。

第三个被害人名叫鲁西·默卡多，她在报纸上看到广告后就主动与格拉斯曼取得了联系。格拉斯曼一看鲁西长得很漂亮，于是就开始追求她，但遭到了鲁西的拒绝，格拉斯曼就决定要杀死鲁西。他将鲁西带到沙漠，强奸并勒死了鲁西。

洛林在报纸上看到格拉斯曼的广告，就找到了他。洛林坐着格拉斯曼的车来到沙漠。与之前3名被害人不同，洛林在意识到不对劲儿后立刻开始反抗。

格拉斯曼在交代完这些案件和作案手法后，向警方提供了3名被害人的藏尸地点，后来警方找到了这3名被害人的尸体。由于沙漠干旱的原因，3具尸体已经被风干。

在经历了3天的审判后，格拉斯曼被判处死刑。在听到这一判决结果时，格拉斯曼表现得很坦然，他表示自己接受死刑，不会进行上诉。

1959 年 8 月 8 日，格拉斯曼接受了死刑。在被处死前，格拉斯曼表现得很平静，似乎一点儿也不恐惧即将到来的死亡，他的遗言是："这是最好的结局。"

1927 年 10 月 10 日，格拉斯曼出生于美国科罗拉多州。从格拉斯曼记事起，他就总是因为丑陋的相貌受到各种各样的人的嘲笑，这些人包括接生的医生、家人和同龄人，尤其是母亲也总是嘲弄格拉斯曼丑陋的相貌，毫不顾及格拉斯曼的感受。格拉斯曼的耳朵很大、眼睛凸出、嘴唇有点儿厚，看起来比一般的孩子要丑陋。同龄人看到格拉斯曼的长相后都会做出厌恶的表情，并且会远离格拉斯曼，有的孩子甚至会给格拉斯曼起一些侮辱性的外号，例如猴子、大猩猩、丑鬼等。由于没有人愿意和格拉斯曼一起玩耍，格拉斯曼的性格变得越来越孤僻。不过格拉斯曼的智商却很高，高达 130，学习成绩一直很优异。

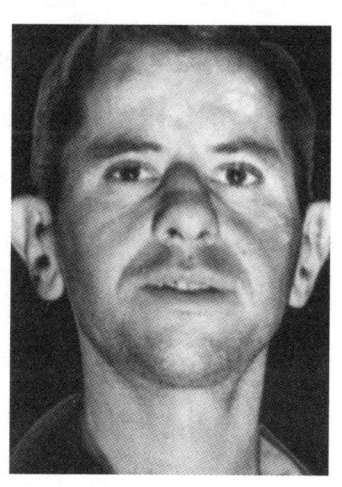

进入青春期后，格拉斯曼和所有的男孩一样，开始对女孩感兴趣，并且希望能受到异性的关注。但没有一个女孩喜欢格拉斯曼这个丑八怪，甚至在看到他后会做出厌恶的表情。这些经历让格拉斯曼备受打击，他开始变得更加孤僻和自卑，甚至连和女孩说话的胆量都没有。

渐渐地，格拉斯曼开始对女孩产生了一种奇怪的心思，他会将暗恋女孩的书包偷走，然后一边幻想书包的主人，一边对着书包手淫。

17 岁时，格拉斯曼猥亵了一名女性，这是他第一次犯罪。当时格拉斯曼用一把仿制枪在一条偏僻的小巷胁迫了一名年轻女子，并恐吓女子将衣服脱光。被害人本以为会遭受强奸，于是根本不愿意脱衣服。于是格拉斯曼只能亲自动手将被害人的衣服扒光，然后对着被害人的裸体进行手淫。

这次的犯罪经历给格拉斯曼带来了全新的感受，相比于手淫所带来的快感，他更喜欢做坏事所带来的快感。从那以后，格拉斯曼开始频繁到女厕所偷拍，或者闯入独居女性的家中，将被害人绑起来，对着被害人手淫。

1945 年，格拉斯曼因猥亵女性被警方逮捕，在交了保释金后才被放了出来。但一个月后，警方再次接到报案，一名女性说格拉斯曼猥亵了她。于是格拉斯曼被警方送到了监狱里，直到 8 个月后才获得了自由。

离开监狱后，格拉斯曼带着相机来到了纽约，会时不时在街上、咖啡厅、公交车上拍摄一些美女的照片。格拉斯曼发现，纽约年轻漂亮的女人很多，而且她们对他的态度很友好，不会嫌弃他丑陋的相貌，反而会在他拍摄的时候配合性地露出笑容。在那些陌生女性看来，格拉斯曼只是一个摄影爱好者，但实际上格拉斯曼是将她们拍下来，然后对着她们的照片手淫。

后来格拉斯曼再次被逮捕，他因抢劫罪被判了 10 年监禁。格拉斯曼去抢劫的原因很简单，他缺钱了。不过格拉斯曼的作案手法并不高明，在抢劫后很快被警方抓住。

在服刑期间，格拉斯曼意外接触到色情杂志，他一下子爱上了色情杂志，并且想成为一名色情杂志的摄影师。这样他就能近距离接触漂亮、性感的模特，那些漂亮的女模会按照他的要求做出一些性感的动作，并朝着镜头露出笑容，这些都是格拉斯曼所渴望的，因为他从小就因丑陋被女孩们拒绝。

在监狱里，格拉斯曼是个模范犯人。由于表现良好，他还提前获得了释放。离开监狱后，格拉斯曼在洛杉矶找了一份维修电视的工作。工作之余，格拉斯曼一直苦练摄影技术，并渴望着能成为色情杂志的摄影师。但他未能如愿，却从此走上了连环杀手的地狱之路。

【认知狭窄性】

在 17 岁之前，格拉斯曼就是一个普通的男孩，他的学习成绩很优异，只是性格孤僻。那么格拉斯曼为什么会成为罪犯，并且从猥亵女性发展成强奸、杀害女性呢？

格拉斯曼的相貌很丑陋，这是所有人达成的共识，就连他的母亲也会忍不住说："哈维，你长得真丑。"格拉斯曼因此总是生活在一种挫败感中。在上学之后，没有小伙伴愿意和格拉斯曼成为朋友，这使他的挫败感进一步加剧。在步入青春期后，屡次被喜欢的女孩所厌恶，格拉斯曼的挫败感就更加强烈。屡次因相貌丑陋被人嘲笑是生活中所遭受的一种挫折，但这种挫折并不是导致格拉斯曼走上犯罪道路的原因，导致他猥亵女性的原因是他看待挫折的方式以及如何应对挫折的认知能力。格拉斯曼选择了强制性的手段，例如强迫女性脱光衣服。

每当一个人遭遇挫折的时候，就会产生挫败感，这虽然是一种很糟糕的感受，但有助于我们调整自己以适应社会生活。在这个调整的过程中，有些人会偏离正常轨道，即形成狭窄的认知。像格拉斯曼，他的相貌虽然丑陋，但智商很高，他完全可以利用这个优点来弥补自己相貌上的不足，或者以豁达的态度面对他人的嘲笑。

但格拉斯曼显然没有这样做，他没有发现自己问题的症结所在，他将所有的原因都归结在他人身上，于是他会觉得愤怒，并且会对女性实施攻击性的犯罪，例如在追求雪莉、鲁西失败后，就会产生将对方强奸并杀害的念头。在杀害朱迪斯时，格拉斯曼的认知狭窄性再一次展现。他觉得如果放走朱迪斯，朱迪斯就会报警，于是他勒死了朱迪斯。这种认知狭窄性使格拉斯曼一直采取强制手段来迫使女性满足自己的欲望，而不是从调整自身做出努力，例如努力改善自己，使自己在除了相貌之外的其他方面变得更优秀。

Criminal Psychology

凶手死后与被害人葬在一起——

斯塔克韦瑟

劳尔·沃德，47 岁，是林肯市一家公司的老板，和妻子克拉拉居住在富人区，夫妻二人还养着两条狗，一条是切萨皮克湾寻猎犬，另一条是狮子犬。1958 年 1 月 29 日，劳尔没有去公司上班，他的助理觉得很奇怪，就往劳尔家中打电话，却没人接电话。助理觉得情况有些异常，就决定到劳尔家中查看一下。

中午时，助理来到劳尔家后，立刻听到了狗叫声，那是被关在地下室的猎犬奎尼在狂吠。来到楼上时，助理看到了 3 具尸体，除了沃德夫妇外，还有保姆莉莉安的，他们的尸体旁是狮子狗的尸体，它被扭断脖子死亡。

警方在查看了案发现场后发现，劳尔家中的所有值钱物品和食物都被一扫而空，家里那辆 1956 年产的黑色帕卡德豪华汽车也不见了。

这起凶杀案立刻在富人区掀起了轩然大波，人们开始带着枪外出，同时向警方和政府施压。警方只能派出大量警力在该地区巡逻，市长也给出了 1000 美元的悬赏金，希望能尽快将凶手抓捕归案。后来，FBI 也介入该案的调查中，甚至还出动直升机到处搜寻那辆黑色帕卡德。

不久之后，凶手就在怀俄明州境内的一条公路上被抓住了。当时，一名巡警在公路上巡逻的时候看到有两名男子在打架，于是就将车停好，准备上前劝架。当巡警从车上下来的时候，有名女子从对面那辆车里冲了出来，她冲着巡警大喊："救我！他杀人了！"其中一名男子看到巡警后，立刻跑到车上，开车逃走了。

巡警一边打电话请求增派人手，一边布下路障。在附近巡逻的警察接到通知后，立刻配合该巡警一起追捕嫌疑人。巡警们在击中嫌疑人的车后窗后，嫌疑人突然急刹车，将车停在了路中间，然后下车朝着巡警们走来。

看到嫌疑人后，巡警朝他大喊道："举起双手！趴在地上！"嫌疑人根本不理睬，站在那里不动，甚至还将手伸向裤子后面。巡警以为他要拿枪，于是就朝他的脚下开枪。此时，嫌疑人才按照巡警的要求趴在地上。

该嫌疑人名叫查理·雷蒙德·斯塔克韦瑟，是一起连环命案的通缉要犯。斯塔克韦瑟开的那辆别克汽车的主人是梅尔·科里森，梅尔的尸体就在那辆别克里，他的头部、脖子、胳膊、大腿上有许多弹孔。此外，警方还在事发公路上找到了那辆黑色帕卡德。

与斯塔克韦瑟扭打在一起的男子起初只是想帮忙，当他停好车来到斯塔克韦瑟的车前时，斯塔克韦瑟却突然掏出手枪指着他。后来他看到了车里的尸体，立刻感觉到了危险，他试图从斯塔克韦瑟手中抢过手枪，直觉告诉他如果不这么做，自己就会死在斯塔克韦瑟的枪下。

那名向巡警呼救的女子名叫卡瑞尔·福吉特，也是重要嫌疑人，她与斯塔克韦瑟是男女朋友的关系。在审讯中，卡瑞尔将所有的罪责都推给斯塔克韦瑟，称她是斯塔克韦瑟的挟持下作案。

斯塔克韦瑟被捕之初，对警方说："不要为难卡瑞尔，她和这些事情毫无关系。"在之后的审讯中，斯塔克韦瑟将所有的罪行都揽在自己身上，对警方说所有的人都是他一个人杀的，与卡瑞尔无关。

但当斯塔克韦瑟得知卡瑞尔否认与自己的男女朋友关系，并假扮成一个无辜者后，斯塔克韦瑟不再维护卡瑞尔，开始交代他与卡瑞尔一起犯下的谋杀案。他对警方说，自己根本没有挟持或威胁卡瑞尔，她完全是自愿的，如果她是被迫的，应该早就找机会逃走了。

斯塔克韦瑟与卡瑞尔是通过鲍勃·冯·布施认识的。鲍勃和斯塔克韦瑟是好朋友，两人有共同的兴趣爱好，都十分崇拜一名男星——詹姆斯·迪恩，在当时，迪恩是美国许多青少年的偶像。

鲍勃的女朋友芭芭拉是卡瑞尔的姐姐。对于斯塔克韦瑟来说，卡瑞尔是个十分漂亮、有魅力的女孩，他愿意满足她的所有愿望。渐渐地，卡瑞尔对斯塔克韦瑟越来越有好感，两人开始频繁约会。

斯塔克韦瑟的第一次作案发生在 1957 年 12 月 1 日的凌晨 3 点。起因是，斯塔克韦瑟想在加油站的商店里买一个毛绒玩具送给卡瑞尔，但钱不够，后来他提出刷信用卡，服务员罗伯特·克尔维特拒绝了。斯塔克韦瑟觉得自己受到了羞辱，他越想越生气，就决定去抢劫。

斯塔克韦瑟从鲍勃的亲戚那里借来了一支猎枪，并装满了子弹，开着车来到了加油站的商店里，当时只有罗伯特一人在值班。

起初斯塔克韦瑟只是购买了一包香烟，然后就离开了。几分钟后，斯塔克韦瑟再次出现在商店里，他买了一包口香糖后又离开了。斯塔克韦瑟将车停在路边，然后用一条围巾裹住自己的脸，并戴上一顶帽子。

这时，罗伯特已经从柜台离开去修车了。斯塔克韦瑟悄悄靠近罗伯特，并趁其不备用枪顶住了罗伯特的后背。之后，罗伯特被斯塔克韦瑟挟持着回到商店，打开装着现金的抽屉。将所有的现金拿走后，斯塔克韦瑟开始威胁罗伯特将保险箱打开，罗伯特谎称他不知道密码，只有老板才知道，斯塔克韦瑟这才放过了保险箱。

之后，斯塔克韦瑟将罗伯特挟持到车上，并开车逃离了现场。在此期间，罗伯特趁着斯塔克韦瑟不注意时去抢他手里的枪，两人开始扭打起来。混战中，罗伯特的膝盖被击中，他试图打开车门逃走，这时斯塔克韦瑟朝着罗伯特的脑袋开了一枪。

第二天，斯塔克韦瑟将自己抢劫的事情告诉了卡瑞尔，不过他没有承认罗伯特是他杀害的。从那以后，斯塔克韦瑟与卡瑞尔之间的关系越来越密切。

后来斯塔克韦瑟用抢来的零钱给自己买了一件衣服，此举并未引起警方的怀疑。这起抢劫杀人案在当地引起了巨大的轰动，林肯市很少会发生如此严重的凶案。所有人通过报纸得知，凶手抢走的钱都是零钱，而且以硬币居多。不过当时警方的排查重点都在过路的人身上，根本没有怀疑过斯塔克韦瑟。

斯塔克韦瑟为了避免被警方怀疑，还专门将车改喷成了其他颜色。对于斯塔克韦瑟来说，这次的作案十分成功。他不仅躲过了警方的调查，还用抢来的钱讨好了女朋友卡瑞尔，这让他觉得很兴奋。他开始认为自己是一个不被法律所束缚的自由人，可以任意妄为。

斯塔克韦瑟第二次作案发生在 1958 年 1 月 21 日，被害人是卡瑞尔的家人。据斯塔克韦瑟的说法，那天他根本没想杀人，只是想和卡瑞尔的家人缓和关系，他们一直反对卡瑞尔与自己交往。至于为什么要带着枪，斯塔克韦瑟说自己当时只是想邀请卡瑞尔的继父马里恩一起去打猎。

开门的是卡瑞尔的母亲韦尔达·巴特利特，当时在家的还有马里恩和他们两岁半的小女儿。之后，斯塔克韦瑟遭到了韦尔达和马里恩严厉的斥责，这对夫妇还警告斯塔克韦瑟，让他离开卡瑞尔。后来马里恩开始殴打斯塔克韦瑟，他只能赶紧离开卡瑞尔家。当斯塔克韦瑟发现自己的枪落在了卡瑞尔家后，就又回去了，于是他再次被马里恩赶了出来。

斯塔克韦瑟在附近找到了一个公用电话亭，他给马里恩的老板打了个电话，告诉对方，马里恩生病了，未来几天都得在家休息。之后斯塔克韦瑟就在卡瑞尔家附近等她放学。傍晚时分，卡瑞尔回来了。

当卡瑞尔得知斯塔克韦瑟被父母责骂的经历后，十分生气，她带着斯塔克韦瑟回家，和父母大吵了一架。之后，斯塔克韦瑟就与韦尔达扭打在一起。斯塔克韦瑟摸到了一把手枪，当他看到马里恩拿着一把锤子朝自己奔来时，毫不犹豫地开了枪，之后又朝韦尔达开了一枪。

卡瑞尔两岁半的小妹妹听到枪声后，立刻大哭了起来，这让斯塔克韦瑟十分恼火。他试图让小女孩闭嘴，但小女孩却哭喊得更加厉害。于是斯塔克韦瑟就拿起一把刀，割断了小女孩的喉咙。

在卡瑞尔的帮助下，斯塔克韦瑟开始处理尸体，他们将韦尔达和小女孩的尸体拖到了屋外的厕所里，而马里恩的尸体则被扔在鸡笼里。处理完尸体后，两人开始打扫案发现场，将所有的血迹都清理干净了。

在之后的一段时间内，斯塔克韦瑟和卡瑞尔一直待在案发现场，他们每天都会从送奶员那里购买一些牛奶和面包，有时斯塔克韦瑟会外出到商店购买一些物品。当有人来找马里恩和韦尔达的时候，卡瑞尔都会出面将他们打发走，后来她嫌麻烦，就在门口贴上了一张纸，上面写着："家中有人得了流感，请远离。"

一周过去了，马里恩还没有上班，老板很担心他，就到他家中查看情况。

卡瑞尔没有让马里恩的老板进门，只在门口告诉他，马里恩的病情很严重，必须得卧床休息，老板只能离开。

后来，卡瑞尔的姐姐芭芭拉和姐夫鲍勃一起来探望父母，卡瑞尔告诉他们家里有人得了流感。鲍勃回到家后，觉得很可疑，就和一个朋友再次来到岳父家。这一次卡瑞尔没有用流感的借口，她不让鲍勃进门，并打发鲍勃离开，还说如果鲍勃不走，母亲的生命就会有危险。鲍勃带着朋友离开了，并到警察局报了案。

警察接到报警后，就来到卡瑞尔的家门口。卡瑞尔打开门后看到警察并未慌张，她用十分平常的语气对警察说家里有人得了流感。当被问及为什么要让姐夫鲍勃报警时，卡瑞尔表示鲍勃与他们家有矛盾，故意去报警。警察相信了卡瑞尔的说辞，就离开了，之后还打电话将鲍勃训斥了一顿。

卡瑞尔的祖母帕茜得知马里恩得了流感后，就来查看情况。当帕茜被卡瑞尔挡在门外时，帕茜威胁说要去报警，卡瑞尔还是没有放祖母进家。后来帕茜带着警察进入了房子，警察发现屋里没人，而且也没可疑的痕迹，就离开了。

晚上，鲍勃再次来到警察局，他请求警察去搜查卡瑞尔的家，但被警察拒绝了。同时，斯塔克韦瑟的父亲也告诉警察，最好将斯塔克韦瑟抓起来审问，依旧被警察拒绝了。

深夜时分，鲍勃带着一个朋友偷偷潜入卡瑞尔住所的院子里，他们在鸡笼和厕所里发现了马里恩和韦尔达以及一具小女孩的尸体。此时的斯塔克韦瑟和卡瑞尔早已不见了，警方只能公开两人的照片。斯塔克韦瑟之所以会被巡警追捕，就是因为巡警觉得他与该案凶手的照片十分相像。

斯塔克韦瑟带着卡瑞尔来到了一个农场，他与农场的主人奥古斯特·梅耶是好朋友。奥古斯特是斯塔克韦瑟父母的朋友，已经72岁了，他与斯塔克韦瑟的关系很好，是忘年交，两人经常一起去打猎。

后来，奥古斯特死在了斯塔克韦瑟的枪下。据斯塔克韦瑟的交代，他本不想杀死奥古斯特，是奥古斯塔先攻击了他。斯塔克韦瑟将奥古斯特的尸体搬到了外屋，并用毯子盖住。之后他与卡瑞尔开始在屋内翻找食物和钱，吃完所有的食物后，两人拿着钱和枪离开了。

离开后不久，斯塔克韦瑟又回来了，他突然想起没有将尸体藏起来。他将车停在路边隐蔽的地方，但当他准备开车离开的时候发现车胎陷进了泥土里。最后斯塔克韦瑟和卡瑞尔只能带着枪徒步离开。

在路上，一辆车停在了两人身旁。车上是一对年轻的情侣——17 岁的罗伯特·詹森和 16 岁的卡罗尔·金，他们看到有两个年轻人在路边走，就想搭载他们一程。这对年轻的情侣最后死在了斯塔克韦瑟的枪下，其中罗伯特头部中了 6 枪，卡罗尔头部中了两枪。此外，卡罗尔的尸体半裸着，牛仔裤被脱到了脚踝处，腹部有十分严重的刺伤，不过法医并未发现性侵的迹象。斯塔克韦瑟的说法是，卡瑞尔觉得自己对卡罗尔有兴趣，在嫉妒之下，她反复刺卡罗尔的腹部，并且将她下身的衣服脱掉，以达到羞辱的目的。

将尸体处理完毕后，斯塔克韦瑟开着罗伯特的汽车带着卡瑞尔回到了林肯市。他们想回卡瑞尔家看看，当看到家门口停满了警车后，他们立刻离开了。

1 月 28 日的早上，斯塔克韦瑟开车来到了富人区，并随意选择了一户人家摁响了门铃。开门的是保姆莉莉安，他用枪威胁莉莉安将猎犬奎尼关进地下室，然后跟着莉莉安进入了厨房。

克拉拉在进入厨房准备吃早餐的时候发现了持枪的斯塔克韦瑟。斯塔克韦瑟告诉克拉拉，只要她配合他，将所有值钱的东西都交出来，就不会受到伤害。这番话让克拉拉很快消除了恐惧，她觉得劫匪只是为了钱，不会伤及她的性命。

斯塔克韦瑟将待在车里等他的卡瑞尔叫了进来，两人坐在桌子旁喝了咖啡后，卡瑞尔就去书房睡觉了。之后斯塔克韦瑟开始命令克拉拉做一些事情，让她做薄烤饼，等她做好之后，又让她做华夫饼。斯塔克韦瑟十分享受这个被人服侍的过程，尤其是对方还是个富太太。

下午 1 点左右，克拉拉想上楼换鞋，斯塔克韦瑟答应了。几分钟后，斯塔克韦瑟上楼查看情况。当他看到克拉拉手里拿着一把手枪时，立刻用刀砍向克拉拉，最后克拉拉因脖子和胸口伤势过重而身亡。斯塔克韦瑟将克拉拉的尸体拖到卧室后，就顺便将狂吠不已的狮子狗给杀死了。

之后，斯塔克韦瑟给父亲打了个电话，他让父亲转告鲍勃，总有一天自己会亲手杀了他。下楼后，斯塔克韦瑟拿了一张纸坐下来写信，他表示对所做的一切感到抱歉，还说自己和卡瑞尔伤害了许多人，不过也有许多人幸运地逃过了一劫。最后，斯塔克韦瑟和卡瑞尔开始将屋内所有值钱的物品和食物都搬进了帕卡德汽车里。

晚上 6 点，下班回家的劳尔被斯塔克韦瑟杀害。在离开前，他们二人还杀死了保姆莉莉安。到底谁是杀死莉莉安的凶手，斯塔克韦瑟和卡瑞尔有不同的说法，他们都将杀死莉莉安的罪行推给了对方。

在开车逃亡的路上，斯塔克韦瑟一直希望能换辆车，避免被警方追查。当斯塔克韦瑟看到路边停着一辆车后，立刻将车停下来，当时车主梅尔正在睡觉，他将梅尔叫醒，并提出了换车的要求。在被拒绝后，斯塔克韦瑟就开枪打死了梅尔。

当斯塔克韦瑟准备开走梅尔的汽车时，却发现不知道怎么松开紧急制动器，这时一名男子出现了，斯塔克韦瑟立刻拿起枪对准男子，后来两人扭打在一起，并招来了巡警。看到巡警后，斯塔克韦瑟立刻上车逃走。

对于斯塔克韦瑟为什么会突然停车投降，巡警认为，当时被击碎的车窗玻璃残渣划伤了斯塔克韦瑟的耳朵，让他误以为自己中枪了，他担心自己会失血过多而死。

1 月底，被捕的斯塔克韦瑟和卡瑞尔被遣送回内布拉斯加州接受审判。

1958 年 5 月 5 日，斯塔克韦瑟接受了审判。在法庭上，斯塔克韦瑟承认了所有的罪行。他的辩护律师本想以精神异常的理由为斯塔克韦瑟进行辩护，但斯塔克韦瑟却表示自己很正常，他的家人也声称他没有精神疾病。最终，斯塔克韦瑟因一级谋杀罪和抢劫罪被判处死刑。1959 年 6 月 25 日，斯塔克韦瑟在内布拉斯加州州立监狱被送上电椅，被处死时只有 20 岁。之后斯塔克韦瑟的尸体和 5 名被害人葬在了一起。

1958 年 12 月 28 日，14 岁的卡瑞尔接受审判，她因一级谋杀罪被判处终身监禁。1976 年 6 月，卡瑞尔获得了假释。出狱后，卡瑞尔隐姓埋名，开始了普通人的生活，并在一家医院找到了一份助理的工作。后来她与一名医生结婚，婚后 6 年，卡瑞尔和丈夫遭遇了一场车祸，卡瑞尔身受重伤，丈夫不治身亡。

1938 年 11 月 24 日，斯塔克韦瑟出生于内布拉斯加州林肯市一个普通的家庭，在家里的 7 个孩子中排行第三。斯塔克韦瑟的父亲是个木匠，十分擅长言谈。由于手部患有风湿性关节炎，斯塔克韦瑟的父亲无法常年工作，有时需要他的母亲做些零活来贴补家用。斯塔克韦瑟的家庭经济条件虽然不好，但家庭氛围却很温馨，他度过了一个美好的童年。在邻居们的眼中，斯塔克韦瑟小时候是个十分乖巧的孩子。

在学校里，斯塔克韦瑟是被同学们嘲笑的对象。他患有先天膝侧翻，这让他的两条腿与常人不同，再加上他还有语言障碍，让他在同学中间显得更加与众不同，常常会成为大家嘲笑的对象。

斯塔克韦瑟的学习成绩也很糟糕，在老师看来他就是个智力低下的孩子。渐渐地，斯塔克韦瑟对自己越来越没信心，他也开始觉得自己是个毫无所长的人。15 岁时，斯塔克韦瑟的高度近视变得越来越严重，甚至连视力表上最大的字母也看不清楚了。

斯塔克韦瑟十分擅长体操，他不仅强壮，还有良好的协调性。或许是体操能让斯塔克韦瑟觉得自己并非一无是处，所以他很喜欢上体操课。

后来斯塔克韦瑟越来越喜欢打架，他在与人打架的时候表现得十分凶狠，不会轻易罢手，甚至会将对方殴打至昏迷。

1955 年，电影《无因的反叛》风靡全国，24 岁的迪恩一下子成了美国青少年的偶像，他成了叛逆和反叛精神的象征。在电影中，迪恩所扮演的角色就是一个叛逆少年，现实生活中，迪恩也经常以叛逆的形象出现在大众视线中。作为迪恩的追随者，斯塔克韦瑟开始模仿迪恩的打扮，他变得越来越暴躁、嚣张，直到犯下一系列罪行并被捕。

【贫穷与犯罪行为】

作为斯塔克韦瑟的朋友，鲍勃认为斯塔克韦瑟是个很讲义气的人，如果他喜欢你，他会为你做任何事情。例如斯塔克韦瑟会尽一切可能满足卡瑞尔的要求，会在被捕后将所有罪行揽下。但鲍勃指出，斯塔克韦瑟还有非常冷酷和卑鄙的一面，如果他走在路上看到哪个穷人比他高大，比他英俊，他会上前揍对方。

表面上看，斯塔克韦瑟行事乖戾、嚣张，但实际上他的内心十分敏感且缺乏安全感，他在内心深处对自我是厌弃的，这与他的人生经历密切相关。斯塔克韦瑟从小就饱受贫穷的困扰，再加上先天膝侧翻，这让他成为同学们嘲笑的对象。在这样的环境下长大，斯塔克韦瑟也觉得自己低人一等。

贫穷看起来是个经济问题，但一个人在成长过程中会因为贫穷伴随大量的风险因素，例如资源匮乏、被歧视、家庭破裂、不安全的居住环境、营养不良、失业等。如果一个人出生于一个贫穷的家庭，那么就意味着他将会被父母送到一所条件很差的学校接受教育，还很可能早早辍学，进入大学的概率会很低。此外，贫穷还意味着他很容易接触到暴力和犯罪，例如生活在贫民窟的人。

斯塔克韦瑟在与卡瑞尔相识后，他从卡瑞尔身上感觉到了被尊重和崇拜，这让他不再自我厌弃，开始自我感觉良好。在卡瑞尔眼中，斯塔克韦瑟是个有着痞子外表和男子气概的男朋友。于是，斯塔克韦瑟成了卡瑞尔的人生中心。为了能经常和卡瑞尔约会，斯塔克韦瑟辞去了装卸工的工作，做起捡废品的生意来，但这根本无法满足两人的生活所需，于是他开始有了抢劫的念头。

经济条件还会决定父母的教养方式。如果父母有着很大的经济压力，总面临着失业的风险，那么他们对待孩子的态度将会很糟糕，所采用的教养方式也通常具有强制性和高攻击性，会倾向于使用惩罚的方式来管教孩子。如果一个孩子总是遭受惩罚，而得不到积极鼓励，那么他的自我认识就会变得消极起来。此外，如果父母采用了暴力的惩罚方式，比如殴打，那么就会起到消极榜样的作用。

值得注意的是，贫穷与犯罪行为之间并不具备必然的因果联系，也就是说贫穷并不意味着必然会引发或导致犯罪行为的出现，贫穷也不应该成为一个罪犯犯罪的借口。例如斯塔克韦瑟的辩护律师就企图用贫穷为他进行辩护，辩护律师声称斯塔克韦瑟会走到如今这个地步，完全是因贫困造成的。但这种理由在法庭上是站不住脚的。

Criminal Psychology

与警察玩起真真假假的游戏——

亨利·李·卢卡斯

美国历史上杀人最多、手段最残忍并且最猖狂的连环杀手亨利・李・卢卡斯的人生十分倒霉，从未得到过命运的垂青。他在 1936 年 8 月 23 日出生于弗吉尼亚州黑堡镇一个十分糟糕的家庭。

卢卡斯的父亲安德森・卢卡斯没有稳定的工作，还嗜酒如命，是当地有名的酒鬼。一次意外事故使安德森彻底丧失了劳动能力，他从一列火车上掉了下来，结果被碾断了双腿。平日里，安德森除了酗酒外，还会出售铅笔赚取零花钱，偶尔会酿造私酒来消遣。安德森每日都沉浸在酒精所带来的浑浑噩噩之中，根本无暇照顾儿子卢卡斯。

相比于一事无成的父亲，卢卡斯的母亲维奥拉更是一个糟糕的家长。维奥拉是个妓女，靠卖淫为生，还有很大的酒瘾和毒瘾。卢卡斯是奥维拉的第 5 个孩子，生下卢卡斯时奥维拉已经 40 岁。之前的 4 个孩子中，奥维拉只留下了一个男孩安德鲁，其他孩子则都被奥维拉遗弃了，有的被送进了孤儿院，有的被人收养。

奥维拉经常辱骂和体罚卢卡斯，对她来说儿子就是出气筒，只要她心情不好，那么卢卡斯一定会遭殃。在卢卡斯 7 岁时，他捡火柴的动作稍慢了一些，奥维拉看不过去，直接就用木板狠狠地砸向卢卡斯的脑袋，卢卡斯当即瘫倒在地。在之后的 3 天内，卢卡斯一直处于半昏半醒、无法动弹的状态，但母亲并未送他去医院，父亲和哥哥也不关心他的状况。

后来奥维拉的一个嫖客伯尼实在看不过去了，就将卢卡斯送进了医院。在医院，伯尼告诉医生，卢卡斯只是不小心摔下了楼梯。

　　在卢卡斯成长的过程中，像这样的殴打经常发生，如同家常便饭一样。或许是因为头部受过多次创伤，卢卡斯一直有眩晕感，他总是感觉自己好像飘在半空中，有时候卢卡斯还会失去知觉。在卢卡斯被捕后，他被安排接受了一项神经检查和脑扫描，结果显示，卢卡斯的大脑中有十分严重的病理学创伤，而这种创伤极有可能是奥维拉虐待他造成的。

　　由于贫穷，卢卡斯一家四口居住在一个狭小、肮脏的船屋之中，这里只有一个房间，没有电，也没有灯。奥维拉接客的时候总会将地点选在家里，从来不会考虑正在成长中的卢卡斯不适合看到这些。卢卡斯从小就经常看到母亲和嫖客做爱，他印象最深的一次，奥维拉在和一个嫖客做爱后发生了争执，于是就开枪打中了对方，鲜血甚至都溅到了卢卡斯的脸上。多年以后，当卢卡斯回忆起这个场景时，还记忆犹新。或许正因为如此，才让卢卡斯将做爱和鲜血联系在一起，在之后的人生中，卢卡斯开始将杀人和做爱密切联系在一起，甚至无法将二者剥离，他会用刀捅死一个女人，然后和她的尸体做爱。

　　奥维拉从来不会给丈夫和孩子准备食物，卢卡斯经常从垃圾桶里捡食物来填饱肚子。有时，奥维拉会为嫖客做饭，但只能是嫖客上桌吃饭，卢卡斯想要吃，就只能捡嫖客吃剩下的。

　　除了身体上的虐待外，奥维拉还总是对卢卡斯进行精神折磨。卢卡斯明明是个男孩，奥维拉却总会把他打扮成小女孩的样子，例如穿裙子、留长发。直到上小学，卢卡斯也是这副打扮，这让卢卡斯受到了同学们的嘲笑。他不仅无法得到母亲的关爱，甚至连从同龄人那里获得心理慰藉的权利也被母亲无形中剥夺了，他作为一个男孩的尊严完全被践踏，或许这就是卢卡斯成为双性恋的根源所在。在学校里，卢卡斯一直是被同学欺凌的那个孩子，因为他的衣服很脏，身上还有一股怪味。

卢卡斯的遭遇令学校的老师震惊不已，老师就为卢卡斯剪了短头发，还给他买了男孩穿的衣服。有一位老师十分同情卢卡斯的遭遇，就给卢卡斯做了一顿饭，这是卢卡斯生平第一次吃到热饭，后来这位老师还送给了卢卡斯一双鞋子，这也是卢卡斯人生中的第一双鞋子。

卢卡斯小时候，有一头宠物小骡子，他很喜欢这头小骡子，总是和小骡子一起玩耍嬉戏。有一次奥维拉看到卢卡斯在和小骡子玩耍，十分开心，于是就上前问卢卡斯是不是很喜欢小骡子，卢卡斯立刻点了点头。之后，奥维拉拿了一把猎枪，朝着小骡子开了一枪，小骡子当场毙命。看到这一幕的卢卡斯都吓呆了，但之后他就遭到了母亲的一顿毒打，因为奥维拉突然想起了埋葬小骡子也需要一笔钱，这让她很恼火。

后来卢卡斯成了一个毫无同情心的人，他开始虐待动物，例如鸽子、小老鼠和猫狗等。在抓住小动物后，卢卡斯就会将它们折磨至死，在看到小动物痛苦不堪地挣扎时，卢卡斯会觉得非常开心。

有时候，奥维拉还会无端羞辱卢卡斯。7岁时，奥维拉带着卢卡斯上街，随便指着一个陌生人对他说，那个人是你爸爸。这件事情在卢卡斯的记忆里十分深刻，他后来还跑去问父亲，安德森认可了奥维拉的说法。这件事情给卢卡斯造成了十分沉重的打击，他还痛哭了一场，虽然安德森是个一事无成的酒鬼，但从未责骂、殴打过卢卡斯，卢卡斯心底里一直非常依恋父亲。

13岁时，卢卡斯的父亲去世了。那是个十分寒冷的冬天，刚刚下过一场大雪，地上还有不少积雪，安德森喝得酩酊大醉后直接倒在了雪地里，等被人发现的时候，安德森早已没了生命迹象，变成了一具冰冷、僵硬的尸体。

卢卡斯曾发生过一次意外，导致他左眼受伤。有一次，卢卡斯和哥哥安德鲁外出砍柴的时候，安德鲁在用力朝着树干劈过去时，刀刃不幸落在了卢卡斯的脸上，正好伤着了左眼，卢卡斯左眼的视力因此受到了影响。在养伤过程中，卢卡斯的伤口处又遭受了重创。一个老师在准备打一个孩子时，不小心打在了卢卡斯的左眼上，于是结痂的伤口开始流血并化脓，卢卡斯的左眼视力彻底丧失，这导致他的左眼有十分明显的疤痕。

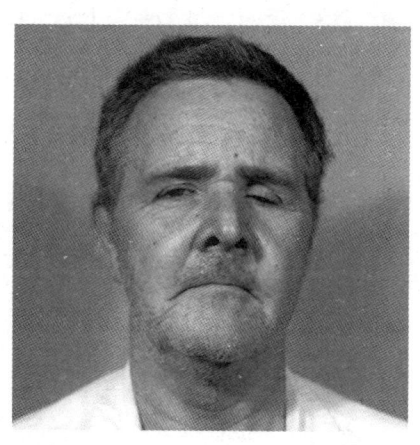

　　23 岁时，卢卡斯认识了一个名叫莎拉的女孩，两人很快发展成了恋人关系。两个人感情很好，并准备结婚。就在卢卡斯和莎拉快要订婚时，奥维拉站出来反对卢卡斯结婚，她明确告诉卢卡斯自己很讨厌莎拉，于是奥维拉开始想尽办法拆散卢卡斯与莎拉。最终莎拉离开了卢卡斯，她觉得自己以后的婚姻生活会被奥维拉这个百般刁难的母亲搅得鸡犬不宁。这在卢卡斯的人生中是一个十分关键的转折点，如果不是母亲的介入，他或许会和莎拉结婚，从此过上正常人的生活。

　　奥维拉虽然不是个连环杀手，却是个十分典型的精神病态者，她从未表现出任何情感倾向，卢卡斯也没有从她那里体会到半点母爱。奥维拉对卢卡斯只有控制，她从未将卢卡斯当成一个人看待，卢卡斯只是她的私人玩具，只能由她控制，不能与他人分享。所以她才会将莎拉看成敌人，奥维拉从未考虑过，也不在乎卢卡斯的感受。

莎拉的离开让卢卡斯愤怒不已，他更加憎恨母亲，于是就和奥维拉发生了激烈的争吵。这场争吵最终演变成了一场谋杀，卢卡斯掐住母亲的脖子，顺手抄起餐桌上的餐刀向奥维拉砍去，最终奥维拉身中数刀而亡。看着血泊中母亲的尸体，卢卡斯不仅没有害怕，反而做出了一个十分疯狂的举动——奸尸。

这是卢卡斯记录在案的第一次杀人，但在卢卡斯被捕后他告诉警方，他第一次杀人是在13岁，被害人是一名17岁少女。当时他的目的是想强奸少女，只要对方不抵抗、顺从他，那么他只会和对方发生性关系，不会杀死对方，但这名少女并未顺从，一直在激烈地反抗。为了控制住少女，卢卡斯用双手掐住少女的脖子，这使少女的反抗变得更加激烈起来，卢卡斯就只能用力，于是他将少女掐死了。等卢卡斯冷静下来后才发现少女已经死去，于是他在奸尸后将少女的尸体扔在了河边的树林里。

后来警方专门去了卢卡斯的家乡黑堡镇进行调查，但并未发现少女被害案件，警方开始怀疑卢卡斯在说谎，因为卢卡斯有精神分裂症，无法分清现实和幻想。不过也有警察认为卢卡斯并未说谎，只是故意将时间和地点说错了。

被捕后，卢卡斯被诊断出患有精神分裂症，无法分辨现实与幻想的界限。辩护律师还展示了卢卡斯悲惨的童年经历，最终法官考虑到卢卡斯的精神状态不正常，就让他到精神病院里接受治疗。在精神病院里，卢卡斯的表现很正常，医生们开始相信卢卡斯的精神状态已经恢复了正常，可以适应社会生活，并且不会给他人带来威胁，于是卢卡斯获得假释。

此时的卢卡斯已经完全变成了像奥维拉那样的精神病态者，他成了一个臭名昭著的连环杀手，专找女人下手。他会开着车在美国各州的公路上兜转，看到有单身女性搭车，就会停下车。有时，当卢卡斯发现有女子的车出现故障、停在路边后，也会停下车，假装要提供帮助的样子接近车主。一般情况下，卢卡斯都会用刀刺死对方，然后进行奸尸。

1976 年，卢卡斯遇到了一个和自己有相同嗜好的人，这个人名叫奥缇斯·艾尔伍德·图勒，和卢卡斯一样喜欢虐待、杀人并和尸体做爱。图勒是个有异装癖的男人，还是个同性恋，在与卢卡斯一起合作杀人后，就发展成了恋人关系，他比卢卡斯小 11 岁。图勒还很喜欢吃人肉，经常在卢卡斯面前提起人肉如何美味。后来卢卡斯忍不住尝了一口，结果却发现人肉并不好吃。

卢卡斯在被捕后向警方透露，图勒曾亲口告诉他，自己杀死了一个名叫亚当·沃什的 6 岁儿童。警方在调查的时候发现，的确有一个名叫亚当的小男孩失踪了很久，于是立刻对图勒进行审讯。审讯中，图勒一直不肯承认自己杀死了亚当，警方手中没有证据，只好作罢。此时卢卡斯却说，亚当不是图勒杀的，图勒只是在吹牛。

1996 年，卢卡斯意外得知图勒去世的消息后，立刻提出要和警方见面，他对警方说，图勒是杀死亚当的凶手，他还提供了藏尸地点。后来警方找到了亚当的残骸。

卢卡斯与图勒的恋人关系一直维持了两年左右，因为一名少女的介入而破裂。这个少女名叫贝奇·鲍维尔，是图勒的侄女。虽然贝奇当时只有 12 岁，但卢卡斯和图勒却从不会背着她杀人，贝奇曾多次目睹他们的杀人过程。

后来卢卡斯与贝奇之间的关系变得越来越暧昧，他对贝奇十分细心，会给她买吃的和衣服，还会教她偷东西和打枪。卢卡斯对贝奇的热情让图勒十分愤怒和嫉妒，最终他愤然离开了卢卡斯。对此卢卡斯一直无法理解，因为在他看来，图勒和贝奇都是他的情人，一个是男性情人，一个是女性情人。

图勒离开后，卢卡斯与贝奇的关系越来越密切，两人甚至还发生了性关系，因为他在贝奇的身上看到了未婚妻莎拉的影子。卢卡斯与贝奇之间的年龄差距很大，贝奇当时只有 12 岁，而卢卡斯则已经 40 多岁了。两人之间虽然是情人，但卢卡斯对待贝奇却像父亲对待女儿一样，他对待自己的亲生子女都没有这么用心和细心。

因为有一个酒鬼父亲，卢卡斯从 10 岁起就染上了酒瘾。有一次，卢卡斯喝醉了，在醉酒状态下，卢卡斯用刀刺穿了贝奇的心脏，贝奇当场死亡。之后卢卡斯进行了奸尸，并将贝奇的尸体肢解，然后塞进了两个枕头里，最终在荒野中找了个地方埋了起来。

贝奇是卢卡斯杀死的最后一个女孩，与其他被害人不同，卢卡斯很喜欢贝奇，不然他不会那么细心照顾贝奇。因此在将贝奇的尸体埋葬后，卢卡斯多次造访埋尸地点，会对着贝奇的坟墓说话，这时他会出现后悔和悲伤的情绪。

1982 年 10 月，卢卡斯因携带危险武器被起诉。当时得克萨斯州发生了一起凶杀案，死者是一名寡妇，她的尸体被凶手丢弃在公路边的灌木丛中，不过她随身带着的手提袋不见了，警方就决定从手提袋查起。

巡警在对公路上的过往车辆进行盘查的时候，发现卢卡斯的车后座上有一个可疑的手提袋，于是就将卢卡斯扣下来进行检查。警方在搜查卢卡斯的汽车时，在后备厢里发现了具有危险性的刀具，于是就以携带危险武器的罪名将卢卡斯拘留了。这本是一桩很小的罪行，在被拘留几天后，卢卡斯就可以获得自由。但卢卡斯却痛快地承认自己是个连环杀手，在 20 多年的杀人经历中，一共杀死了 360 ~ 600 人。卢卡斯提到，他主要在美国杀人，有时候去欧洲、日本游玩，也会在当地寻找合适的目标下手。不过 1982 年发生的寡妇被害案与卢卡斯无关，在寡妇被害时，卢卡斯正在加利福尼亚州的公路上，他有一张加油站的收据。

卢卡斯在供述案情的时候，开始和警方玩起了真真假假的游戏。有时候，卢卡斯会提供真实的案情，例如被害人的姓名、职业、遇害地点、遇害时的穿着以及致命伤都有据可查。有时卢卡斯所提供的案情却是假的，例如卢卡斯说自己在欧洲和日本也杀过人，但他从未有过出国记录。卢卡斯还说自己曾在弗吉尼亚杀死了一名女教师，警方在调查时发现，那名女教师还活着，她告诉警方自己根本不认识卢卡斯。

虽然卢卡斯杀人的数量并没有他所说的那么多，但他也刷新了连环杀手杀人数量的最高纪录，警方调查发现至少有 150 人被卢卡斯杀死。

卢卡斯和图勒被捕后，一直没有得到应有的审判。最终图勒被判处死刑，后来他在佛罗里达州接受了精神鉴定，鉴定结果显示他是患有精神分裂症的幻想狂，于是他被改判为 6 个终身监禁。1996 年，图勒因肝衰竭在狱中过世。

1998 年 3 月 31 日，卢卡斯在得克萨斯州法院接受了审判，他被判处死刑，将在 6 月 30 日被处死。6 月，因美国总统签发了缓刑令，卢卡斯的死刑被推迟了。不过，卢卡斯最终还是被处死了。

【同时存在的两种风险因素】

社会环境因素会造成一个人的大脑受到损伤，而大脑异常又会导致暴力行为的出现。卢卡斯从小生活在一个非常糟糕的环境中，他屡次遭受母亲的殴打，导致他的头部严重受伤。卢卡斯的大脑结构和功能都存在严重的异常，这导致他在认知、情感和行为方面无法像正常人一样，难以做出正确的决策，也无法控制自己的情绪，所以卢卡斯才会杀死贝奇，并陷入后悔和悲伤之中，还会在因携带危险武器被捕后，因为不耐烦而主动交代罪行。

调查研究显示，如果一个人从小生活在一个不安定的家庭环境中，那么他长大后出现暴力犯罪的概率要远远高于在安定家庭环境下长大的孩子。情境对一个人的影响远远超过我们的想象，例如心理学家菲利普·津巴多曾做过一个斯坦福监狱实验，在他所营造的监狱情境下，扮演狱警的学生会在环境的影响下故意虐待扮演囚犯的学生。如果一个人所成长的环境暴力随处可见，那么他很难不受到影响。卢卡斯有个酒鬼父亲，所以他在10岁的时候就开始酗酒。

母亲在一个人的成长过程中扮演着十分重要的角色。如果一个人从小就缺乏母爱，那么极有可能会给他的大脑发育带来不良影响。婴儿期和儿童期的大脑正在发育之中，大脑想要得到健康的发育，除了必要的营养外，母爱也是不可忽视的因素。因为被母亲拒绝和虐待的婴儿或儿童，他的大脑会出现多个区域的功能减退。同时婴儿或儿童的心理非常脆弱，没有母爱的滋润，就会产生焦虑和压力，这种焦虑和压力会进而影响身体和大脑的健康发育。心理学家哈利·哈洛用恒河猴实验告诉我们，爱比食物更重要，那些只得到奶水的幼猴更容易生病。

卢卡斯会成为一名连环杀手，是生物和社会两种风险因素共同作用的结果，这两种风险因素在他身上同时存在。从生物风险因素的角度看，卢卡斯的大脑有十分严重的创伤。而从社会风险因素的角度看，卢卡斯的母亲对他造成了毁灭性的影响，因此他十分憎恨母亲，他曾说过："没有哪个孩子像我一样有着那样的童年，从小我就恨透了母亲，这份恨意根本无从发泄。"于是卢卡斯将对母亲的憎恨发展成憎恨所有女性。

卢卡斯在一次盛怒之下杀死了母亲，母亲虽然死了，但他对母亲的憎恨并未消失，于是他开始将对母亲的憎恨转移到其他女性身上，疯狂地挑选女性下手。他每次杀害一名女性，就好像将母亲重新杀死了一次。后来，卢卡斯遇到了贝奇，这是他杀死的最后一名女性，他与贝奇的关系非常密切，他很爱贝奇，不然不会悉心照顾她。但最终卢卡斯还是杀死了贝奇，因为他对女性的憎恨已经远远超过了对贝奇的爱。在杀死贝奇后，卢卡斯又觉得后悔和悲伤，他一直都没有逃脱母亲对他的影响，他自己曾说："我讨厌过这种日子，我还讨厌所有的人。"卢卡斯在一个无爱的环境下长大，他根本不会去爱人，只会通过疯狂的杀戮来发泄对母亲的憎恨。

Criminal Psychology

遵循神的旨意去杀人——

赫伯特·威廉姆·慕林

1973 年 2 月 13 日，圣塔鲁斯县西区的报警中心接到一个电话，打电话的人说，卡基路有一个老人被一名开车路过的男子开枪射杀。这位老人名叫弗莱德·佩雷斯，是个 72 岁的老渔民。很快救护车就赶到了卡基路，将弗莱德紧急送往医院抢救，但弗莱德早已没了生命迹象。

案发时有许多人在场，目击者告诉警方，当时弗莱德正在修理自家的草坪，一辆汽车从此地经过时突然停了下来。车上走下一个男子，他手里拿着一支步枪，男子将步枪架在车前盖上，对着弗莱德开枪，弗莱德倒下后男子就离开了。

根据目击者所提供的线索，警方很快将男子抓住，他名叫赫伯特·威廉姆·慕林。在审讯中，慕林爽快地承认是他枪杀了弗莱德，他还交代了更多的谋杀案。

慕林杀死的第一个人是个 55 岁的流浪汉，名叫劳伦斯·怀特。在 1972 年 10 月 13 日，慕林开着车行驶在一条公路上，当他看到劳伦斯伸出的搭便车手势后，就停在了劳伦斯的身旁。慕林从车上下来后对劳伦斯说，他怀疑汽车的引擎出了问题，希望劳伦斯能去看看。就在劳伦斯仔细查看引擎时，慕林拿着棒球棍从背后袭击了劳伦斯，一棍子打死了这个流浪汉，之后将他的尸体拖到灌木丛中。10 月 14 日，劳伦斯的尸体被人发现。不过这起凶杀案并未引起警方的重视，毕竟人们不会去在乎一个流浪汉的失踪或死亡。

慕林为什么要杀死劳伦斯呢？因为他在看到劳伦斯时，听到劳伦斯用心灵感应对他说："我是《圣经》里的约拿，想要拯救其他人，就必须杀了我。"

几天后，慕林在路边搭载了一名女学生，他将女学生用刀刺死后，就将尸体拖到了一个人迹罕至的树林里。看着尸体，慕林突然想看看人类尸体的内脏是否已经被污染，就用刀划开尸体，查看里面的内脏。慕林之所以会这样做，是因为他不久前产生了一种幻听，总有声音在告诉他人类的内脏已经被污染。

1972 年 11 月 2 日，慕林用刀刺死了 64 岁的神父亨利·托梅。亨利是旧金山湾区南部洛斯加托斯圣玛丽教堂的神父，已经在教堂工作了 8 年，他曾是第二次世界大战法国反抗军的退役老兵，在战争结束后来到了美国。

慕林来教堂的目的主要是向神父忏悔自己杀人的事情，当他向亨利神父忏悔完毕后，就听到亨利神父在说："我自愿成为你刀下的祭品。"然后慕林就开始攻击亨利神父，起初是对亨利神父又踢又打，后来掏出刀子不断朝着亨利神父刺去。在亨利神父因失血过多身亡后，慕林匆匆逃离了教区。

在警方调查的过程中，一名目击者说，她在案发时看到一个可疑的男子，那名男子穿着深色的衣服和黑色的靴子。但这种描述并未为警方的破案提供实质性的帮助，警方当时将此案定性为抢劫杀人案，警方怀疑亨利神父是在被凶手抢劫时杀害的。

1973 年 1 月 25 日，慕林接连杀死了 5 个人，其中有 3 个成年人和两个小孩，由于 3 个成年人都从事过毒品交易，当时警方将此案定性为毒品交易纠纷，认为是这 3 个人在进行毒品交易时发生了冲突。但据慕林的交代，案情根本不是这样。

被害人吉姆·基阿纳拉是慕林的高中同学，居住在圣塔鲁斯县的西区，从事大麻交易。慕林嗑药时，总会从吉姆这里购买大麻。

在杀死亨利神父后，慕林突然产生了加入海军陆战队的念头，于是就报名参军，他觉得参军可以让自己杀更多的人，从而达到拯救世界的目的。在入伍之前，慕林接受了体能测试和心理测试，这两项测试他都顺利通过了，但军队发现慕林有犯罪前科，于是就回绝了慕林的入伍申请。为此，慕林十分愤怒，他开始总结原因。起初慕林是觉得自己被某种邪恶力量暗算了，这股邪恶力量通过幕后操纵阻止他拯救世界。后来慕林认为是嗑药惹的祸，在戒掉毒瘾后，他买了几把枪，去找吉姆这个毒贩子算账。

慕林找到吉姆在圣塔鲁斯县西区的住处后，发现吉姆已经搬走了，房子的新主人凯西·弗兰西斯就将吉姆的新住址告诉了慕林。当时吉姆和妻子都在家，慕林在枪杀了这两个人后，就掏出刀不停地刺向他们的尸体。

离开吉姆家时，慕林又去找了凯西，他得知凯西的丈夫也是个毒贩子，他得将这一家人都解决掉。当时凯西的丈夫并没有在家，家里只有凯西和她的两个儿子，慕林将凯西和两个孩子全部枪杀。

1973年2月5日，慕林在加州北部的红木州立公园看到有4个年轻人正在违规露营，于是就上前呵斥这些年轻人，还说自己是护林员，让他们赶紧走。4个年轻气盛的小伙子当然不肯听，还拿出步枪威胁慕林。慕林对他们说了一句自己明天还会再来，然后就离开了。这4个小伙子根本没当回事儿，继续在此地露营。第二天，慕林拿着一支猎枪来到了此处，他将这4个人全部枪杀了。

2月10日，4个年轻人的尸体被人发现。警方在接到报案后，立刻展开调查，但一点儿线索也没有。如果不是慕林被捕后主动交代，警方根本不可能将这起枪击案与圣塔鲁斯县发生的枪击案联系在一起，实际上并没什么迹象表明这两起枪击案是同一人所为。

在接受审判时，慕林的辩护律师以慕林有精神分裂症为由，为其进行无罪辩护。慕林曾因精神分裂症住院接受治疗，而且慕林在杀人时有十分明显的幻想和幻听倾向。慕林每天都生活在幻想中，他坚持认为杀人能够阻止地震的发生，他是在按照神的旨意去杀人。在慕林看来，杀人虽然是一种犯罪行为，对于被害人来说是一场灭顶灾难，但却是在以最小的损失挽救更多人的生命，不然大地震一旦发生，会有更多的人丧命。慕林还提及，正因为越南战争美国死了许多士兵，才避免了一场大地震的发生。

陪审团的不少成员都觉得慕林是个十分危险的人，应该被送进监狱，如果仅仅因为他患有精神分裂症就被送到精神病院，那么他就可能获得假释，这对所有人来说都是一个威胁。检方的克里斯托弗·科特尔提出，虽然慕林的大部分作案完全是临时起意，但在枪杀凯西母子和吉姆夫妇时却事先做了准备，不属于冲动杀人。

1973 年 8 月 19 日，慕林被判处了终身监禁，法院认为慕林杀害凯西母子和吉姆夫妇的一级谋杀罪名成立，而杀害其他人则是二级谋杀罪名。法院考虑到慕林有杀人祭祀的想法，就决定将他送到监狱。相较于精神病院，监狱的看管更加严格，慕林没有机会杀人。

在穆勒溪州立监狱里，慕林被狱方安排到了一个单独的房间囚禁起来。不久之后，慕林的囚室里住进了一个大块头，他就是美国著名的连环杀手埃德蒙·肯珀，因 8 项一级谋杀罪被判处终身监禁。

肯珀不仅身材高大，还在智商上碾压慕林。他的智商很高，如果不是主动投案自首，警方很难抓住他。与肯珀这样的高智商、有组织的连环杀手不同，慕林是个疯疯癫癫的杀人犯，什么时候有了杀人的念头，就会去杀人，不会提前进行计划，更无任何反侦查意识。

慕林又矮又瘦，自然不可能是肯珀的对手，监狱方也从来不担心肯珀的安全。在肯珀看来，慕林就是一只令人讨厌的苍蝇，总会在他看电视的时候唱歌骚扰他。有一次肯珀在看电视，慕林就故意挡住电视开始唱歌，这惹恼了肯珀，肯珀拿起水杯朝慕林脸上泼去，命令他不要唱歌。慕林倒是不唱歌了，但一直在肯珀耳边喋喋不休，吵得肯珀很是烦躁。

后来肯珀发现慕林很喜欢吃花生，于是每次慕林打扰他看电视时，肯珀就会拿来花生，只要慕林安静下来，他就会给慕林花生吃。从那以后，慕林就再也不打扰肯珀看电视了，还会在唱歌之前主动征求肯珀的同意。

1980 年起，慕林开始不停地上诉，他想要回家，但他的每次上诉都被法院驳回了。现如今慕林还在监狱里服刑，由于表现不错，他极有可能会在 2025 年获得一次假释的机会。如果慕林能活到 2025 年，那么他已经是 78 岁的高龄了。

1947 年 4 月 18 日，慕林出生于加州的萨莱纳斯，这天正好是旧金山大地震纪念日。在 1906 年的 4 月 18 日，旧金山发生了一场 7.8 级地震，是美国历史上主要城市所遭受的一次极严重的自然灾害，震后的大火使得旧金山遭到了严重的破坏。或许正因出生在旧金山大地震纪念日这天，慕林才会产生杀人阻止大地震发生的幻想。

慕林的父亲曾参加过第二次世界大战，由于战争的影响，父亲在管教儿子时态度十分严格，还常常将自己在战场上的经历讲给儿子听。

慕林在学校的表现十分正常，他有许多朋友，在男女同学之中都非常受欢迎，许多同学都喜欢和慕林一起玩耍，他还被大家投票评为"潜力股之星"。

从圣洛伦佐山谷高中毕业后没多长时间，慕林的一个好朋友出车祸去世。这件事情给慕林造成了巨大的打击，他过了很长时间都没有走出好朋友死亡的阴影，他的精神状态也开始变得不正常起来。起初慕林只是怀疑自己的性取向出了问题，他似乎不喜欢女朋友了，他开始担心自己可能爱上了同性。

1969 年，慕林的精神状态变得越来越差，他的姐姐最先发现了慕林的不对劲儿。当慕林在姐姐家做客时，有时会坐在那里一动不动地盯着姐姐、姐夫看，看得他们心里发毛，有时慕林还会模仿姐夫的言行。于是慕林的姐姐就主动带着他去精神病院接受治疗，慕林也觉得自己的精神有点问题，就欣然接受了治疗。

很快，慕林就从精神病院出来了。与医院里的其他疯子相比，慕林就是个正常人，他不会自残，也不会给他人制造麻烦。但慕林却觉得自己的精神状态开始恶化，从那以后，慕林开始频繁出入精神病院，会在病情严重时入院接受治疗，病情有所好转了，就会出院。

后来，慕林开始嗑药。毒品虽然会给慕林带来短暂的快感，却会使慕林的精神状态变得更加糟糕。除了沉浸在毒品所带来的快感中，慕林还模仿起了嬉皮士，留起了长发，开始信仰佛教，每天都拿着一串佛珠。在厌烦了嬉皮士的生活后，慕林将长发剪掉。此时的他出现了一种疯狂的行为，在街上到处向女人求婚，但没有一个女人愿意理会慕林。慕林就渐渐放弃向女人求婚，开始频繁出入旧金山的同性恋聚集地，到处寻找同性恋情人，有时也会召男妓。

之后，慕林再次被送到精神病院接受治疗。病情好转后，慕林去了一座教

堂，他的父母都信仰天主教。后来慕林进入教堂，开始学习如何成为一个牧师，但很快人们就发现慕林是个疯子，根本不适合做牧师。

1972 年，在外面兜兜转转地过了一段时间后，慕林回到了父母家里，此时的他已经开始出现幻听，每天都能听到有人在说，大地震马上就要来了，只有用少数人的生命进行献祭，加州才能免遭大地震。他觉得自己会在旧金山大地震纪念日这天出生，一定具有特别的意义。

在父亲的教导下，慕林开始研读《圣经》。慕林从《圣经》中读出了杀人的使命，他还总能听到父亲命令他去杀人的声音，实际上那只是慕林自己的幻觉。当慕林得知有许多美国人丧命于越南战争后，开始觉得这些人起到了献祭的作用，所以加州才一直没有发生大地震。1972 年，越南战争结束了，慕林意识到不再有人献祭给大自然，大地震极有可能发生，他得赶紧通过杀人来拯救更多的人。于是，他走上了杀戮的不归路。

【肆意杀手】

从 1972 年 10 月到 1973 年 2 月，短短的 4 个月时间，慕林一共杀死了 13 个人，这些被害人并无共同点。慕林的杀人行为很随机，与连环杀手不同，虽然他杀害的都是陌生人，但不是一个一个地杀死，他会在一天中杀死四五个人。连环杀手常见的有两类，一类的杀人行为常常与性联系在一起，会性侵被害人，或者出现奸尸行为；另一类则被称为"死亡天使"，以医疗专业人员为主，例如医生或护士，他们在杀人时会使用致命的毒药，或过量的麻醉剂。除了这两类外，还有一些类型的连环杀手，例如将自己生下的孩子一个一个地杀死，玛丽贝斯·泰宁就是这样的母亲。慕林显然不符合连环杀手的特征，他属于肆意杀手。

　　肆意杀手通常会在一段时间内一连杀死好多人，例如慕林就会在一天内杀死5个人，他的目的就是杀人。连环杀手与肆意杀手不同，连环杀手的目的并非杀人，而是为了享受杀人的过程，所以一般情况下，连环杀手只在一天内杀死一个人，就会令自己获得满足，从而进入冷却期，一旦冷却期过去，连环杀手就会挑选下一个目标。

　　肆意杀手在选择作案凶器时，会优先考虑枪，常见的有手枪和步枪，因为用枪射杀一个人既方便又快捷，还不用担心可能被被害人制服。如果选择刀具，那么就可能在杀人过程中被对方制服。

　　连带伤害是肆意杀手在杀人过程中常见的情况。肆意杀手的目的是尽可能多地杀死陌生人，因此当杀死一个人时极有可能会波及其他人。例如慕林在准备杀死毒贩子吉姆时，就顺便杀死了吉姆的妻子，还捎带上了凯西母子3人。

Criminal Psychology

恩人也不放过的连环杀手——

帕特里克·麦凯

1975 年 3 月 21 日，英国肯特郡的一位声望颇高的神父在自己的住所被人杀害，一名修女在发现了神父的尸体后，立刻报了警。警方赶到案发现场后，看到了惨不忍睹的一幕：神父穿着衣服泡在一个浴缸里，浴室的墙壁和天花板上到处都是飞溅的血迹，神父的颅骨已经被打碎，大脑暴露出来。除了头上的致命伤外，神父的身上还有许多刀伤，脸上也有大量被人殴打的淤伤。

被害的神父名叫安东尼·柯林，64 岁，当地的人们都很尊重他。尸检结果显示，柯林神父在颅骨被打碎时，并未马上死亡，而是在经历了一段时间的痛苦折磨后才死去。警方推断，凶手应该和柯林神父有很深的仇恨，不然不会下如此毒手。但柯林神父在当地并没有什么仇人，很少与人产生矛盾。

警方在调查的过程中，怀疑上了一个名叫帕特里克·麦凯的人，其在警察局留下过大量的案底。案发时，麦凯正好在肯特郡，他从伦敦来肯特郡看望母亲。

不过麦凯与母亲之间的关系并不好，他的母亲很怕他。在麦凯 13 岁时，他的脾气变得异常暴躁。有一天，麦凯突然发狂，将家里的一切物品都砸碎后，用力掐住母亲的脖子。幸运的是，那个时候麦凯还未成年，力气有限，母亲挣脱了。但这件事却给麦凯的母亲留下了心理阴影，在麦凯从精神病院出来后，她立刻带着女儿搬到别处居住。

据麦凯母亲的交代，在 3 月 21 日这天，麦凯带着两把刀和一只鸡来看她，还让她将鸡肉做好给他吃。之后麦凯就离开了，直到吃晚餐时才回来。在此期间，麦凯去找了柯林神父，他打算将柯林神父杀死。

　　在柯林神父遇害的两年前，麦凯曾去过他的住所偷东西。当时麦凯没有钱，又找不到工作，没有人愿意雇用一个无法长时间坚持工作的人，而且同事们也都很不喜欢和麦凯这样毫无定性的人相处。于是麦凯就想到了以偷窃的方式得到钱，他会找柯林神父下手，是觉得柯林神父年龄大了，很好控制。

　　在闯入柯林神父住所后不久，麦凯就被抓住了。柯林神父觉得麦凯还很年轻，不应该因盗窃去吃牢饭，于是决定给他一个机会，就没有报警，还试图给予他帮助，来感化这个走上歧途的年轻人。既然如此，麦凯为什么还要用如此残忍的方式杀害柯林神父呢？

　　因为在案发几天前，麦凯的朋友们嘲笑他，说他和柯林神父私通，他们是同性恋，不然柯林神父为什么会放过麦凯，还给予他多次帮助？麦凯听后十分生气，他觉得想要杜绝这种流言蜚语，就得杀死柯林神父，这样才可以证明自己并不是同性恋。于是，麦凯拿着刀乘车来到了肯特郡。

　　柯林神父认识麦凯，于是轻易地放麦凯进门。麦凯趁柯林神父不备，就袭击了他。遇袭后的柯林神父逃到了浴室里，他想将门锁住，从而逃过此劫，但麦凯没给他机会，柯林神父本就不是他的对手，再加上受了伤，就更无法将门锁住。来到浴室后，麦凯用刀不停地刺向柯林神父的脖子和头部，由于头部有坚固的颅骨保护，根本刺不穿。麦凯放下手中的刀，找来了一把斧子，用斧子不停地砍向柯林神父的头部，最终柯林神父的颅骨被砍开，大脑完全暴露在外面，麦凯此时才停手。

　　不过麦凯很快就发现，柯林神父还未断气，于是他往浴缸里放满水，将柯林神父放进浴缸里，静静地看着鲜血将水全部染红，同时欣赏着柯林神父痛苦地、慢慢地死去。差不多过了一个小时，柯林神父断气了。杀死柯林神父后，麦凯觉得很满足，他终于发泄出了自己被嘲笑是同性恋时的怨气，于是他很快离开，回到母亲家中享用母亲为他准备的晚餐。

其实在杀害柯林神父之前，麦凯已经杀害了多名老人和单身女性，警方怀疑他一共杀害了 11 个人。在去柯林神父住所实施盗窃失败后，麦凯并未遵从柯林神父的教诲，而是犯下了一系列更为严重的罪行，例如杀人抢劫。

1973 年 7 月，一个名叫海蒂·穆尼尔克的打工女子被人刺死，警方怀疑凶手极有可能是麦凯。不久之后，一个名叫玛丽·海恩斯的女子在自己的住所被麦凯杀害，杀人后他还抢走了玛丽的财物。

1974 年 1 月，麦凯在赫特福德郡盯上了一个年老的妇人斯蒂芬妮·布里顿，当时斯蒂芬妮还带着自己 4 岁的孙女。在偏僻无人处，麦凯将人捅死后，抢走了斯蒂芬妮的随身财物。

1974 年 2 月，麦凯在切尔西闯入一个单身女子伊莎贝拉·格里菲思的住所，麦凯先是朝着伊莎贝拉的腹部捅了一刀，不过他并未将刀拔出来，而是直接用双手将伊莎贝拉掐死。之后麦凯拿走了伊莎贝拉住所里所有值钱的东西。

麦凯每次缺钱时，都会想要抢劫或盗窃。他选择的目标人物，主要以老人或单身女性为主，这样的人更容易被他所控制。由于居无定所，麦凯就借住在一个朋友家中。后来麦凯被朋友找了个借口赶走了，因为麦凯总说自己被恶魔附身了，他的朋友很担心自己会受到伤害。

1975 年 3 月 23 日，麦凯被警方逮捕。随后麦凯因谋杀柯林神父被起诉，11 月，麦凯因谋杀罪被判处终身监禁，他一生都要在监狱里度过。

1952 年 9 月 25 日，麦凯出生于英国米德尔塞克斯郡。麦凯的父亲哈罗德经常酗酒，是当地出了名的酒鬼，他一喝醉酒就会殴打妻子或孩子。在麦凯还是个胎儿时，就隔着母亲的肚皮被父亲殴打。当时哈罗德喝醉了，用脚踹过妻子的肚子，而妻子还怀着孩子。

在麦凯的记忆里，他是在哈罗德的拳头下长大的。每当父亲喝醉时，他就会挨打。为此，麦凯十分憎恨父亲，天天都期盼着父亲死掉。在哈罗德因酗酒引发疾病去世后，麦凯不仅没有为父亲举办葬礼，也没有向外透露父亲去世的消息。许多人在很长时间以后才得知哈罗德已经去世了。

麦凯从小就有折磨动物的爱好，他很喜欢折磨猫、兔子之类的宠物，还烧死过一只乌龟。随着年龄的增长，麦凯的脾气变得越来越暴躁，经常无故发火，还出现了暴力倾向，例如他会乱砸家里的物品，还试图掐死母亲和两个妹妹。此外，麦凯还很喜欢纵火，曾因放火烧教堂而被捕。不过由于年龄太小，他很快就获得了释放。

一旦获得自由，麦凯就会肆无忌惮，因此常常被送到精神病院接受治疗。在精神病院期间，一个名叫莱纳德·卡尔的精神病医生曾为麦凯进行过精神鉴定。鉴定结果显示，麦凯具有反社会人格，为人冷酷残忍，将来一定会成为一个变态连环杀手。最终莱纳德医生建议，将麦凯继续关在精神病院里。不过，院方并未采纳莱纳德医生的建议，将麦凯放了出去。

此时的麦凯还未成年，不过他的母亲已经不敢与他继续待在同一屋檐下，麦凯只能去投靠姑妈。但麦凯并未在姑妈家待多长时间就被赶了出来，没有人愿意和一个随时会对自己产生威胁的人待在一起。

后来，麦凯像父亲一样也染上了酗酒的毛病。每当麦凯喝醉后，他就会变得极富攻击性，甚至比哈罗德更厉害。当初哈罗德喝醉后只是殴打妻子孩子，而麦凯则会直接扑上去，狠狠地掐住对方的脖子，试图将对方掐死。

此外麦凯还有许多独特的爱好，他非常喜欢搜集纳粹的物品，还有一套纳粹制服。麦凯还很喜欢拍摄一些古怪的照片，照片上的他表现得很疯狂，就像被魔鬼附身了一般。在抢劫、盗窃之前，麦凯也曾试图找一份工作来应付日常

开销，但他根本无法坚持下来，常常更换工作。后来，麦凯不再找工作，开始
通过盗窃、抢劫来获得金钱。

【缺乏自然情感力】

麦凯与柯林神父的故事与小说《悲惨世界》中的故事很相似，但结局却大
相径庭。《悲惨世界》的主人公冉·阿让在出狱后被米里哀主教收留了一晚，
他看到米里哀主教家中的银制烛台后，就偷偷将烛台拿走。后来冉·阿让被警
方抓住，并被带到米里哀主教面前，米里哀主教却说烛台是自己送给冉·阿让
的。冉·阿让因此被释放，这让他很感动，也避免了走入歧途。

柯林神父与米里哀主教一样都是神职人员，而且都选择给一个误入歧途的
年轻人一次机会。但麦凯却没有珍惜这次改过自新的机会，反而成了一个变态
连环杀手，甚至还将好心放过自己的柯林神父残忍杀死。麦凯为什么会做出毫
无人性的举动呢？其实莱纳德医生早已给出了答案，麦凯就是一个反社会人格
者，缺乏自然情感力，而这正是人性之所在。

在哈罗德因酗酒引发的多种疾病去世时，麦凯只有10岁。他父亲临终前
只留下了一句遗言，希望麦凯能成为一个好人。但像麦凯这样的反社会人格
者，从小就表现出了冷酷残忍的一面，例如虐杀小动物。他不仅无法成为一个
好人，还无法成为一个正常人。

所谓自然情感力，是指一个人在成长过程中自然出现的一种情感现象。在
一个人还年幼的时候，这种情感现象以依恋抚养者为主，例如对母亲的依恋。
随着年龄的增长，当一个人步入青春期的时候，他会对异性产生迷恋，还会与
同伴发展出友谊。但是反社会人格者却缺乏自然情感力，他不会对抚养者产生

依恋，也没有朋友，更无法与一名异性建立亲密的关系。

有些罪犯虽然犯下了难以饶恕的罪行，却有自然情感力，例如会对曾帮助过自己的人心存感激，或者将所有的温情都送给了家人。但反社会人格者完全不同，他不会有这些情感，例如麦凯会残忍杀害柯林神父，还会掐住母亲的脖子，想要将她们掐死。

Criminal Psychology

利用自己的犯罪事迹去赚钱——

克利福德·奥尔森

1980 年 11 月 18 日，加拿大哥伦比亚温哥华 12 岁的克里斯汀·韦勒在与家人发生了矛盾后离家出走。之后，克里斯汀就失踪了，她再也没和家人联系过。一直到了圣诞节，警方才告诉克里斯汀的家人，克里斯汀遇害了，尸体已经找到。

尸检结果显示，克里斯汀的胸口、腹部和脖子上有许多致命刀伤，遇害时间是 11 月 19 日，也就是克里斯汀离家出走的第二天。

为了搜集线索和证据，警方在案发地展开了调查和访问，但没有人能提供有价值的线索。于是克里斯汀被害案只能暂时搁置起来，但这只是温哥华青少年遇害案的开始。在之后不到一年的时间内，相继有 11 名青少年失踪，有的找到了尸体，有的则没有。

1981 年 4 月，13 岁的科琳·戴格诺特失踪了。不久，有人在一个僻静的地方发现了科琳的尸体，她身上有许多致命的刀伤，此外还遭到了性侵。

紧接着当地又出现了一起青少年被害案，死者是 16 岁的戴恩·约翰斯鲁德，被人用钝器击打而死。由于戴恩是个男孩，而且没有遭受性侵的痕迹，警方并未将这 3 起凶杀案联系在一起，也从未怀疑过可能是同一人所为。

1981 年 5 月 19 日，16 岁的桑德拉·沃尔夫施泰纳被人杀害，致命伤在头部，是被人用钝器击打而死。

6 月 21 日，13 岁的安达·考特贝克利失踪了。后来有人在湖边的小树林里发现了安达的尸体。尸检结果显示，安达在被钝器击打而死之前，曾遭受过性侵。

7月2日，9岁的西蒙·帕廷顿被人勒死。

7月9日，14岁的朱迪·克斯玛被人杀死，生前遭受了性侵。朱迪被害后不久，朱迪的家人接到了凶手的电话，凶手让朱迪的家人听了一段录音，那是他在性侵和杀害朱迪时，朱迪的哭声和惨叫声。凶手还给朱迪的好朋友打了个电话，说下一个目标就是她。

7月23日，16岁的雷蒙德·劳伦斯的尸体被找到，他的头部有十分严重的创伤，是从高处坠落所致，此外雷蒙德的尸体上还有被石头砸过的痕迹。

7月24日，18岁的西格伦·阿恩德的尸体在一处水沟被人发现，她是被人用钝器击打而死。

7月27日，15岁的特里·林恩·卡森被人勒死。

7月30日，露易丝·沙特朗被人杀害，她是该连环凶杀案的最后一名被害人。警方已经怀疑上了一个名叫克利福德·奥尔森的惯犯，他曾因盗窃、抢劫、伪造证件、私闯民宅等罪名被判入狱。在露易丝被害的两天前，警方就已经派警力监视奥尔森的一举一动，准备找理由逮捕奥尔森。

8月12日，警察跟踪着奥尔森来到了一片沙漠。当时奥尔森开着一辆车，车上除了奥尔森外，还有两个女人。当奥尔森将车停下来，赶下一名女子的时候，警察上前以醉酒驾驶的名义逮捕了奥尔森。在之后的搜查中，警察在奥尔森随身携带的笔记本上发现了被害人朱迪的笔迹。除此之外，警方手中没有任何证据可以起诉奥尔森。

后来，奥尔森的一个朋友告诉警方，在朱迪被害的那天晚上他一直和奥尔森待在一起，而且他愿意在法庭上作证，指控奥尔森，于是警方起诉了奥尔森。最终奥尔森因11项一级谋杀罪被判处终身监禁，不得假释。

入狱后不久，奥尔森就要求见警方。奥尔森表示，他可以说出被害人尸体的埋藏地点以及只有凶手才知道的作案细节，但前提是得支付给他 10 万美元。最终哥伦比亚省首席检察官同意了这个要求。这在当时引起了极大的争议，有不少人都反对这种交易，觉得这是对死者的不尊重。

奥尔森每次作案之前，都会租辆车，然后开着车到街上寻找猎物。看到合适的对象，奥尔森就会停车，以提供高报酬的工作为由将被害人骗上车，然后开车到偏僻的地方强奸被害人，最后用刀刺死或者用锤子砸死被害人。在杀死雷蒙德时，奥尔森采用了完全不同的方式。他将雷蒙德从高处推下，导致雷蒙德头部受到重创，然后又用石头砸向雷蒙德，在确认雷蒙德死亡后，才离开了现场。后来奥尔森开始采用勒死被害人的杀人方式。

在奥尔森杀死第一个被害人克里斯汀后，也就是 1981 年的元旦，奥尔森被人起诉强奸，并在 1 月 8 日被警方逮捕。在之后的审判中，或许是因为证据不足，奥尔森并未被定罪。4 月 8 日，奥尔森在律师的帮助下获得了保释。

1981 年的 7 月，是奥尔森疯狂作案的一个月。在短短的一个月内，奥尔森相继杀死了 6 个人。由于频繁作案，奥尔森不得不经常租车，这让他欠下了一笔债。为了偿还债务，奥尔森只能去抢劫。

1981 年 7 月 7 日，奥尔森因袭击了一名 16 岁的女孩被捕，这是唯一的幸存者。不过奥尔森并没有在监狱里待多长时间就获得了释放，之后他继续疯狂作案。

实际上，奥尔森最后得到了 9 万美元，他将这笔钱全部存进了妻子的银行账户中，他希望妻子和儿子能好好利用这笔钱改善生活。

后来一家出版社将奥尔森的信件集合成书出版，还支付给奥尔森一笔不菲的版税。奥尔森所犯的系列杀人案在加拿大属于重大刑事案件，他还被列为加拿大杀人最多的杀人犯。因此当人们得知奥尔森获得了一笔不菲的版税后，都十分愤怒，这也促成加拿大通过了一项新法律，即不允许罪犯通过自己的犯罪行为获得额外收益。

1996 年，奥尔森提起了上诉，后被法庭驳回。2011 年 10 月 2 日，奥尔森在监狱里去世。

1940 年 1 月 1 日，奥尔森出生于加拿大温哥华。在当地，奥尔森是个出了名的地痞流氓，经常触犯法律，例如偷窃、抢劫、伪造证件、私闯民宅等。对于奥尔森来说，他从来不知道什么是法律，什么是规矩。据说，奥尔森还曾犯过几起性侵案，但由于种种原因没有被警方记录在案。

除了犯罪外，奥尔森的大部分时间都是在监狱里度过的。在监狱里，奥尔森也从来不守规矩，他经常欺负新入狱的犯人，例如扒光犯人的衣服羞辱他们，甚至强奸他们。对于奥尔森来说，他只会做对自己有利的事情，他十分擅长与狱警搞好关系。当然被奥尔森欺负的犯人也从来不会忍气吞声，奥尔森经常被殴打，甚至还被人连捅 7 刀入院，差点丢了性命。

监狱方考虑到奥尔森的人身安全，等奥尔森将伤养好后，就将他送到了另一座监狱。在这里，奥尔森交了一个好朋友，他名叫加里·马库斯，因强奸杀害一个小女孩被判入狱。

马库斯在与奥尔森熟悉之后，就和他聊起了自己所犯的案件，包括许多作案细节。这对奥尔森来说，简直是打开了新世界的大门。从那以后，奥尔森就开始对儿童色情产生了浓厚的兴趣，他花了许多时间观看相关的光盘和杂志，每天都沉浸在马库斯所描述的犯罪画面中。后来奥尔森有了将幻想变成现实的想法，于是他开始筹划出狱后如何犯罪，并逃避警方的追捕。

为了尽快出狱，奥尔森想到了一个减刑的好办法。他将马库斯告诉自己的所有作案细节写成了一封信，然后交给了警察。这样马库斯身上的罪名又多了几项，刑期也随之增加。奥尔森则因检举揭发获得了减刑。

1978 年，奥尔森出狱了。作为一个爱好儿童色情犯罪的人，奥尔森一边自己欣赏儿童色情照片，一边贩卖。1979 年，奥尔森因贩卖儿童色情照片被起诉。加拿大东海岸的警方接到奥尔森的案件后，就开始翻查他的记录，最终得出一个结论，奥尔森应该被送到西岸接受审判。但西岸的警方一直没有重视这起案件，也没有下令逮捕奥尔森，于是奥尔森并未因此受到法律制裁。如果当时奥尔森被捕并被定罪，那么或许那 11 名青少年就不会被害。加拿大警方也因此成了人们口诛笔伐的对象。

【作案地点的选取】

在杀害 11 名青少年之前，奥尔森虽然屡次犯罪，且是当地著名的品质恶劣的犯罪人，但由于他所犯罪行并不严重，因此在警方看来他只是一个微不足道的家伙。奥尔森内心深处的邪恶欲望被一个名叫马库斯的强奸杀人犯所激发，从那以后奥尔森就对儿童色情产生了极大的兴趣，此外他还从马库斯那里学到了许多犯罪技巧，例如如何引诱被害人。

奥尔森在选择被害人的时候，只有一个原则，即被害人看起来很容易被控制或攻击。然后奥尔森便用提供高薪工作为诱饵，引诱被害人上车。

奥尔森在寻找被害人的时候有一个十分明显的特征，他会在自己所住的社区寻找被害人，而且被害人主要集中在他所居住的房子附近，是以他的居住地为中心，围绕在社区周围。但奥尔森在抛尸时，所选择的地点则主要集中在一处山脉，这里地域相对广阔，对奥尔森来说也很陌生。

从奥尔森选择被害人的地点和抛尸地点可以看出，奥尔森对待两者的态度是不一样的。对于奥尔森来说，寻找被害人并将被害人骗上车，是一件很危险的事情，所以他得在自己所居住的社区寻找猎物。在自己熟悉的地方，他会觉得有安全感。抛尸对于奥尔森来说则比较简单，所以他可以到陌生的地方去。对于一个罪犯而言，作案地点的选择可以显示出他的心理状态。

Criminal Psychology

看到美女就想吃掉她——

佐川一政

　　1981 年 6 月 16 日，法国警方接到报案，有人看到一个身材矮瘦的亚洲男子拖着一个行李箱，他不小心摔了一跤，行李箱倒地打开，露出了一只人手，男子惊慌地逃离了现场。目击者看到情况不对，就报了警。

　　警方找到了该男子，他是个日本人，名叫佐川一政。警方在他的公寓里搜出了大量的人体组织，这些人体组织来自一个名叫里尼·哈特维尔特的荷兰籍女留学生。随后，佐川一政承认自己杀死了里尼，并吃掉了里尼的部分尸体，他还声称自己的脑子有病，早就有十分强烈的食人冲动。

　　佐川一政被捕的消息立刻传到了他身在日本的父亲佐川明的耳朵里。佐川明十分富有，是日本知名企业栗田工业的社长，他立刻为儿子安排了日本最优秀的律师。在之后的两年内，佐川一政一直没有接受审判。

　　后来，法官让 – 路易·布吕吉埃审理了此案。布吕吉埃觉得佐川一政有很明显的精神不正常特征，以佐川一政不适合接受审判为由，将佐川一政送到精神病院接受治疗。这家精神病院先后给佐川一政安排了 3 个医生，他们在对佐川一政治疗了一段时间后得出了同一个结论，佐川一政永远无法像正常人一样生活。

除了接受治疗外，佐川一政不仅接受了采访，还和世界各地的有变态嗜好的人成了笔友。佐川一政将自己食人的体验写信告诉笔友，笔友还给他寄来了许多和食人有关的书籍。佐川一政对这些书籍很感兴趣，他十分感谢笔友对他的支持，并表示如果能早些时候接触到这些书籍，就不会被警方抓住了。

在被送入精神病院后，佐川明就开始想尽一切办法将佐川一政引渡回日本。在律师的帮助下，佐川一政顺利回到日本，并被送到一家精神病院继续接受治疗。随后许多日本的精神病医生和心理专家开始对佐川一政进行精神鉴定。鉴定结果出奇地一致，他们都觉得佐川一政不仅仅是个精神病，还是个疯狂的恶魔。按理说，像佐川一政这样的疯子应该在精神病院待上一辈子，但他在被关了 1 年后，就被日本官方释放，成了一个自由人。

获得释放后不久，就有媒体找到了佐川一政，并花大价钱请佐川一政将自己食人的经历和体验写下来。从那以后，佐川一政就成了日本的话题人物，像个电影明星一样备受关注，除了不停地参加电视访谈节目，还经常进行创作，例如画漫画、写书，除了将自己的食人经历写书出版，还写一些和食人相关的犯罪题材的小说。

后来，佐川一政还收到了美食节目的邀请，在品尝过餐厅所提供的食物后，写下对食物的评价。虽然佐川一政所品尝的食物都是正常人食用的，人们却很容易联想到他在吃人肉。

1992 年，佐川一政应邀参演了一部名叫《安眠室》的色情电影，在里面扮演了一个窥阴癖者。拍摄结束后，女主角才知道了佐川一政食人的经历，她的脸色立刻变了，身体还不由自主地发抖。

1997 年，佐川一政所创作的《少年 A》成了畅销书。这部小说的主角是个年仅 14 岁的少年东真一郎，他是个连环杀手，杀死了几名儿童，并将被害人的头颅割下来。佐川一政很满意自己塑造的这个角色，他非常喜欢和欣赏东真一郎。

2013 年，佐川一政因脑梗中风入院抢救。在接受了一段时间的治疗后，佐川一政出院了。中风给他留下了行动不便的后遗症，他开始恐慌起来，并且觉得半瘫痪的生活很痛苦，希望有人能结束自己的生命，觉得只有死亡才能让自己得到真正的解脱。

之后，佐川一政遭受了一次更大的打击，他的父亲和母亲过世了。没有了父亲的庇佑，佐川一政的生活变得更加困难，只能靠变卖遗产和借高利贷维持生计。

1949 年 6 月 11 日，佐川一政出生于日本东京一个富裕的家庭。佐川一政的祖父是《朝日新闻》的社论委员，父亲佐川明是个十分成功的商人，除了非常有钱外，还黑白两道通吃。佐川一政从小就非常崇拜自己的父亲，但他却很憎恨自己的母亲。

佐川一政是个早产儿，他的母亲在怀孕时不小心从楼梯上摔了下来。佐川一政将自己身材矮小（只有 1.52 米）、瘦弱、声音尖细（像女人一样）、腿瘸（走路一瘸一拐）等特征都怪罪在早产上，认为如果不是母亲从楼上摔下来，他就不会成为如今这副令人讨厌的样子。他对自己的外形一直很自卑，这种自卑无法用钱来弥补。

在成长的过程中，佐川一政还遇到了一个难以启齿的问题，他的生殖器发育不良。这让他变得更加自卑，再加上他所接受的家庭教育非常保守，他对性的认识开始变得扭曲起来。

　　渐渐地，佐川一政发现自己产生了一些特殊的变态癖好，他想要通过食人来获得性满足。在上小学的时候，有一次佐川一政看到了一名男同学的大腿，他突然觉得那大腿看起来那么肥嫩，吃起来一定很可口。到了中学，佐川一政的食人冲动更加强烈，每当看到女同学短裙下的大腿时，都会十分激动，想要立刻抱住一口一口吃掉。对于自己特殊的变态嗜好，佐川一政也知道不对，但每当他看到美女时，就会想要吃掉她。他所幻想的食人对象主要是身材高大的北欧女性，最好对方还有一头金发。因为北欧女人高大漂亮，而佐川一政自己则又矮又丑。

　　在日本上大学时，佐川一政曾因入室袭击一名女性而被警方逮捕。不过佐川明很快就用钱将佐川一政保释出来，还动用关系避免了他被起诉。

　　佐川一政也曾尝试过改变，他还专门去看了心理医生，说出了自己想要食人的困惑。当佐川明得知后，立刻决定将儿子送出日本，避免他继续留在日本给自己丢人。

　　佐川一政从小就接受最优质的教育，他先从和光大学人文系文学科毕业，然后进入关西学院学习英文。1976 年，在获得英文硕士学位后，佐川一政就来到了巴黎的索邦大学（巴黎大学的前身）继续学习文学。据佐川一政回忆，当他拿着护照兴冲冲地准备去巴黎的时候，他的母亲看起来很担忧，他说似乎那个时候母亲已经预感到会有不幸发生。

　　在巴黎，随处可见身材高大的欧洲人。佐川一政十分喜欢那些身材高大、皮肤白皙的欧洲美女，尽管她们与身材矮瘦的自己形成了鲜明的对比。不过却没有人愿意和佐川一政做朋友，更别说发展成男女朋友关系了。

　　在佐川一政快要毕业的时候，成功赢得了来自荷兰的 25 岁的里尼的注意，两人很快就成了好朋友，交流越来越多。佐川一政虽然看起来不怎么入眼，但他很有才华，在学术上颇有造诣，他在 1980 年所著的论文《川端康成与欧洲二十世纪前卫艺术运动的比较研究》帮他成功获得了索邦大学的文学硕士学位。

为了拉近与里尼的距离，佐川一政表现出了对学习德语的极大热情，并愿意高薪聘请里尼担任自己的私人教师。里尼同意了，除了教佐川一政德语外，还会和他聊天，并一起去参加音乐会和画展。

在与里尼的相处过程中，佐川一政发现自己无法自拔地爱上了健康、丰满、富有青春气息的里尼，但他的爱是病态的，他想要吃掉里尼。于是在 1981 年 6 月 14 日，佐川一政以教德语为由邀请里尼来到自己的公寓。里尼没有丝毫犹豫就接受了邀请，在她看来，身材矮瘦的佐川一政根本不具有任何威胁，而且她也很喜欢佐川一政敏感细腻的性格。

回到日本后，佐川一政在接受采访的时候详细描述了自己的作案经过。

在 6 月 14 日之前，里尼也曾到佐川一政的公寓里和他共进晚餐，当时他还请求里尼朗诵了一首自己最喜欢的德国印象派诗歌。但里尼离开后，佐川一政迷恋地趴在里尼坐过的地方又闻又舔。

在 6 月 14 日这天，佐川一政再次邀请里尼到自己的公寓来，他希望里尼能朗诵诗歌，他会将朗诵的过程录下来，供日后学习。佐川一政的真实目的是想进行表白，他想和里尼发展成恋爱关系，也很想和里尼进行性交。为了营造一个浪漫、亲切友好的氛围，佐川一政还专门准备了日本茶道。

对于佐川一政的表白，里尼拒绝了，她表示两人只是纯洁的朋友关系，不可能发展成恋人，这让佐川一政起了杀心。他拿出了一支点 22 口径的步枪对准了里尼的后颈，当时里尼正在朗诵诗歌。

　　其实在佐川一政来到巴黎读书后，就一直有十分强烈的食人冲动，步枪也是那个时候买的。佐川一政每天晚上都会带一个妓女到自己的公寓，每当妓女坐在浴缸里洗澡的时候，佐川一政就会偷偷拿出步枪，站在她身后，想要将她打死。但佐川一政迟迟没有开枪，他的直觉告诉自己，一旦扣动了扳机，那么自己所熟知的世界就会从此消失。

　　佐川一政从来没想到自己会和一个欧洲女人成为好朋友。在遇到里尼之前，佐川一政与女同学的关系一直很冷淡，他虽然很喜欢高大美丽的法国女人，但这些女人在他看来都很傲慢，根本看不上他。但里尼不一样，她对佐川一政的态度十分和善。有一次，里尼在佐川一政家中做客，她在浴室洗手的时候，佐川一政立刻联想起了在他浴室洗澡的妓女，那个时候他就有了冲动，想朝里尼开一枪，但他迟迟没有扣动扳机。

　　杀死里尼后，佐川一政对里尼的尸体产生了十分强烈的性冲动，他强奸了里尼的尸体。然后，佐川一政将里尼的衣服脱光，并割下里尼的部分身体组织吃下。

　　在食人的欲望得到满足后，佐川一政看着里尼慢慢变得冰冷、僵硬的尸体，开始产生了一丝后悔的情绪，他终于意识到自己失去了一个好朋友。不过佐川一政很快就从后悔中走了出来，他开始对尸体一一进行肢解，他想将肢解后的尸体放到冰箱里保存，以方便自己随时取出食用。

　　佐川一政就将里尼的两条腿切割下来，摆放在冰箱里。做完这些后，佐川一政突然觉得很累，于是就想休息。他将里尼的残尸搬到了床上，然后搂着入睡了。

　　两天后，里尼的尸体开始腐烂并散发出臭味，招来了许多苍蝇。这时，佐川一政开始思考如何处理残尸。他想到了附近公园里有个池塘，是个抛尸的好地方，于是佐川一政开始切割里尼残破不堪的尸体，好塞进行李箱内。

在肢解尸体的过程中，佐川一政变得越来越兴奋，突然产生了强烈的性冲动，于是他停止了切割，并进行手淫。

佐川一政本来还打算取出里尼的内脏，结果却被消化液腐蚀了双手，于是只能放弃。后来佐川一政想起当时真该戴副橡胶手套。

将尸体装进行李箱之后，佐川一政才发现行李箱对他来说太重了，他费尽力气将行李箱搬了出来，然后叫了辆出租车准备去公园。很快周围的人都注意到了这个身材矮瘦的亚洲男子，看着他吃力地搬着一个行李箱。当佐川一政注意到许多人都在看自己时，变得慌乱起来，不小心跌倒，行李箱倒在地上，露出了里尼的一只手，他站起来后慌忙逃回了自己的公寓。回到公寓后，佐川一政立刻开始品尝冰箱里的人肉，直到警察找到他。

回到日本后，佐川一政不仅获得了自由，还受到了媒体的追捧。他十分享受这种众星捧月的感受，尤其是当得知公众称他是"食人教父"后十分满足。佐川一政在接受采访时十分配合，会滔滔不绝地讲述自己食人的经过以及食人的冲动。

有一次，佐川一政在接受采访时表示自己还是有食人的冲动，哪怕是被送上绞刑架，也想再吃一次人肉，他还强调人肉十分美味。不过他被全日本盯着，根本无从下手。

每到夏季的时候，佐川一政的食人冲动就会变得特别强烈，因为这时女人们都会穿着裙子出门。每当他看到穿短裙的女人时，就会想要吃掉对方。有一次，佐川一政在坐火车的时候看到一个臀部长得很性感的女人，立刻想要一口一口吃掉对方。此时的佐川一政已经对欧美女人失去了兴趣，他开始喜欢年轻、漂亮的日本女人，尤其喜欢上户彩年轻的时候，每当他产生食人冲动时，就会拿出上户彩的照片进行手淫，以发泄自己变态的性欲。

【食用性兴奋】

食用性兴奋是一种变态心理，是性欲倒错的一种，只有在吃或被吃时才会产生性欲，至于所食用的对象，有可能是人，也可能是其他东西。佐川一政的食人冲动就属于食用性兴奋，他通过吃人来使自己获得性满足。佐川一政在接受采访时曾表示，他吃人并不是因为饥饿，而只是一种恋物癖。对于一个有着正常性欲的男人来说，他看到一个美女会想和对方发生性关系，而对于佐川一政来说，他看到美女只有一个念头，那就是一口一口吃掉她。

或许佐川一政自己都没有意识到，他吃掉里尼是为了将她完全占有，这与他特殊的成长经历密不可分。佐川一政从小崇拜父亲，憎恨母亲，于是他对女人产生了一种强烈的占有欲，希望对方能完全服从他。由于自身原因，例如外形不理想，生殖器发育不良，导致佐川一政从内心深处憎恨女性。

据统计，性变态的男性通常性格内向、孤僻、安静、不擅长与人交流，而且具有女性气质。此种性格的男性在与异性交往时，通常很容易受挫，难以交到女朋友，从而会产生扭曲的性心理。佐川一政的性格敏感而细腻，这导致很少有女人看上他，他对法国女人的评价也是傲慢，他也因此更加憎恨女性。里尼在和佐川一政成为朋友后，虽然很喜欢佐川一政细腻的性格，但从来没想与对方发展成男女朋友关系。在她看来，佐川一政是缺乏男性魅力的。

性变态虽然令正常人难以接受，但性变态并不一定意味着犯罪。例如虽然一个人有着特殊甚至是可怕的嗜好和行为，但他不会对他人造成危险或威胁。不过对于像佐川一政这样有着食用性兴奋变态嗜好的人来说，如果他具有一定的攻击性，那么势必会很危险。

在离开日本前往法国巴黎留学前，佐川一政曾去看过心理医生。如果那个时候他就入院接受治疗，那么是否可能被治愈，从而成为一个正常人？很难，因为佐川一政在小学时就产生了食人冲动，这已经融入他的人格之中，而人格具有稳定性，通常会伴随一生。

Criminal Psychology

未能及时送报的报童——

约翰·约瑟夫·约伯特

1982 年 8 月 23 日，缅因州波特兰的警方接到报案，有人在骑车经过 I-295 公路时，在路边的灌木丛中发现了一具男孩的尸体。死者是 8 月 22 日失踪的 11 岁男孩理查德·斯泰森，他的身上只穿着内裤，有明显的刀伤痕迹，脖子上还有勒痕。警方推测，理查德生前应该被凶手刺了许多刀，后来凶手用索状的物体将理查德勒死。此外，理查德的身上还有多处咬痕，根据牙印，警方推断咬痕是一个成年人留下来的。不过，理查德生前并未遭受猥亵和性侵。

据理查德的父母反映，在理查德失踪的当天中午，他说要去"后峡"玩，那里距离他家不算远，他的父母就同意了。到了天黑，理查德还没回家，他的父母开始担心起儿子的安危来，于是立刻报了警。

警方很快就锁定了一个嫌疑人，嫌疑人是个有过性骚扰犯罪前科的男子。当警方将理查德身上的牙印与该嫌疑男子进行比对后发现，咬痕并不相符，这说明他根本不是杀害理查德的凶手。在被关押了一年半后，该男子才获得了自由。

1983 年 9 月 18 日，内布拉斯加州贝尔维尤的警方接到报案，报案者说他的儿子失踪了。失踪者是一名 13 岁的男孩，名叫丹尼尔·乔伊·埃伯利，是当地的报童，每天早上他都会和哥哥分别骑着自行车去送报。

18 日这天早上 7 点，报纸管理人员接到了许多订户的电话，他们抱怨报纸还没送到。报纸管理人员就和丹尼尔的父亲取得了联系，将情况告诉给他。父亲和大儿子立刻去找丹尼尔，在没找到的情况下就去订户那里询问，一问才知道丹尼尔只送了3户。后来父亲在第4个订户住所附近的篱笆下找到了丹尼尔的自行车。他们对丹尼尔很了解，丹尼尔绝对不会将自己珍爱的自行车丢弃在路边，更何况车后座上还有一大捆报纸，他们坚信丹尼尔一定出事了！

警方了解了基本情况后对这位父亲说，或许丹尼尔去叔叔家帮忙了，毕竟他叔叔的公司最近很缺人手。很快，丹尼尔的叔叔告诉警方，他根本没见过自己的侄子。随后，警方就在这片区域展开搜查工作。

3天后，丹尼尔终于有了消息，有人在奥法特空军基地附近的树林里发现了丹尼尔的尸体，这里距离丹尼尔的自行车所在地大约有4英里①。丹尼尔只穿着一条内裤，双手和双脚都被人用绳子捆绑起来，他的身上有大量刀伤，主要集中在前胸和后背。此外，丹尼尔的尸体上还有大量的浅表性伤口，是凶手故意用刀划出来的，他的脸部也被凶手划得面目全非。法医还在丹尼尔的尸体上发现了被咬过的痕迹，不过他并未遭受猥亵和性侵。

警方从丹尼尔的哥哥那里了解到，他被一个白人男子尾随过。他只记得对方开着一辆黄褐色的汽车，在他和丹尼尔送报的时候慢慢跟在后面。在之后的排查工作中，有不少目击者告诉警方，曾看到过一名白人男子开着车带着十几岁的男孩兜风。后来FBI也介入该案的调查中，并对凶手进行了心理侧写。FBI认为凶手是一名年轻的白人男子，而且性心理异常。

1983年12月2日，亚拉巴马州奥马哈的警方接到一起失踪案。失踪者是一名12岁的男孩，名叫克里斯多夫·保罗·瓦尔登，在上学的路上失踪，他的父亲正是奥法特空军基地的一名军官。警方从目击者那里了解到，克里斯多夫失踪前曾和一名白人男子坐在一辆棕色的汽车里。后来警方根据目击者的描述，画出了嫌疑人的模拟画像，并将画像登在报纸和电视上。

———————————

①英里：英美制长度单位，1英里约为1.61千米。

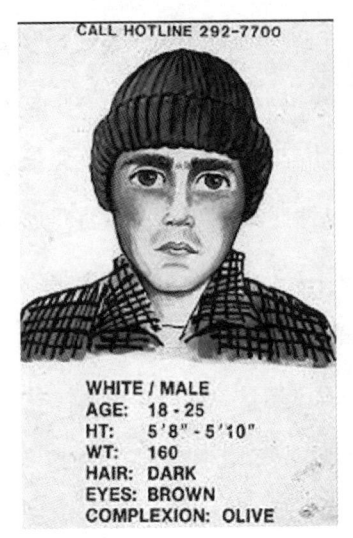

3 天后，两名猎人在附近的树林里打猎时发现了克里斯多夫的尸体，他身上的衣服虽然完整，但脖子上却有很严重的刀伤，脖子几乎就要被切断了。警方认为，凶手在杀死克里斯多夫时应该十分愤怒，不然不会下此狠手。

1984 年 1 月 10 日，案件终于取得了突破性的进展，警方接到一名女子的报警电话，她看到了一个和通告里的画像十分相像的嫌疑人，还记下了他的车牌号。

报警者是一所小学的老师，她在 10 日这天早上 8 点半左右，看到一名可疑男子开着一辆车在学校附近转悠。当她准备拿笔纸记下车牌号的时候，被男子发现了，男子威胁她，让她赶紧滚，不然就杀了她。女子很害怕，立刻逃走了。

警方根据女子所提供的车牌号查到了租车行，后来警方又从租车行那里了解到这辆车被奥法特空军基地的一个工作人员给租走了。最后警方找到了租车人，他是奥法特空军基地的雷达操作员，名叫约翰·约瑟夫·约伯特，21 岁。

约伯特不仅符合 FBI 所描述的凶手特征，还有一辆棕黄色的汽车，许多目击者都反映自己看到了一辆可疑的棕黄色汽车。最关键的是，警方还发现捆绑在丹尼尔尸体上的绳子是奥法特空军基地特有的，产自韩国，在全美都买不到。于是警方传唤了约伯特。在之后的搜查中，警方在约伯特的宿舍里发现了许多绳子、一把猎刀和20多本侦探小说，其中一本书就是专门描述如何杀死一名报童的。

在最初的审讯中，约伯特一直否认自己杀害了丹尼尔和克里斯多夫，还说那些绳子是教练送给他的。后来约伯特提出了一个要求，他想和所在球队的教练以及一名14岁的队员谈话，警方答应了约伯特的要求。之后，约伯特就认罪了，并开始交代所犯罪行。后来法证专家还将约伯特的牙齿咬痕和丹尼尔尸体上的咬痕进行了比对，比对结果显示两者完全吻合。

一名缅因州的警察在得知约伯特所犯的案件后，立刻联想起了理查德被害案，他觉得理查德的被害与丹尼尔十分相似，就像同一个凶手所为。但约伯特认罪的时候，只承认自己杀害了丹尼尔和克里斯多夫，并未提及理查德。

后来警方在翻查理查德被害案的卷宗时发现，在理查德遇害时，约伯特恰巧就在附近的军事基地服役，而且理查德身上的咬痕足以证明约伯特就是凶手。

在接受审判之前，约伯特接受了精神鉴定，鉴定结果显示他的精神状态很正常，在行凶时具有分辨是非的能力。法官采信了这项精神鉴定的结果，判处约伯特死刑。后来约伯特提出了上诉，这让他的死刑得以推迟。不过约伯特的上诉被法庭一次次驳回了，他只能在监狱里等待死亡的到来。

监狱里的约伯特表现非常优秀，很喜欢阅读文学名著，还经常作画。在约伯特的大量绘画作品中，就包括他杀害3名男孩的场景，他想公开自己的画作，但被拒绝了。因为按照法律规定，为避免给被害人家属造成二次伤害，此类作品必须封存起来。想要公开，必须经过特殊批准。此外，约伯特还经常接受记者的采访，这些访谈的内容后来集中在一起出了一本书——《杀戮需求》。

1996 年 7 月 17 日，约伯特在内布拉斯加州被处死。

约伯特出生于马萨诸塞州，他的父亲在餐厅工作，母亲在旅馆工作。在约伯特的印象里，他的父母总是发生争吵，甚至还闹到了分居的地步。约伯特曾在采访中表示，他很小的时候，大约是六七岁的时候，就有了杀戮的幻想，从那以后他一直沉浸在杀戮的幻想中，直到开始杀人。约伯特在 7 岁时，曾被邻居家的一个小姐姐照顾过一段时间，那个时候他就总是幻想着将小姐姐杀死，然后吃掉她。

10 岁时，约伯特的父母离婚了。约伯特的父母在离婚的时候一直在极力争取他的监护权，最后母亲胜利了，他跟着母亲来到缅因州的波特兰生活并在这里长大。

母亲对约伯特的要求很严格，不允许他和父亲见面。约伯特为了和父亲见一面，常常会趁着暑假骑自行车走 100 多英里去看望父亲。根据约伯特的回忆，他的母亲是个脾气非常糟糕的人，总会发火，一发火就摔东西，因此约伯特很害怕母亲发火，每次都会躲起来，等母亲平静了，再出现在母亲面前。约伯特从来没有享受过母亲的关心，这或许是他一直很自卑的根源所在。约伯特 12 岁的时候，他在一次手淫时被母亲发现了，母亲对他又打又骂。从那以后，约伯特的性幻想对象就从女孩变成了男孩。13 岁时，约伯特故意用铅笔戳伤一名女孩，看到对方哭泣的样子，他居然获得了一种极大的心理满足感。

母亲一直想让约伯特进入当地的一所贵族学校读书，但无奈学费太高，她根本无法承担。约伯特为了满足母亲的愿望，就找了一份送报纸的工作。在成功进入贵族学校后，约伯特成了被嘲笑的对象，同学们都觉得他是个同性恋。为了不再被嘲笑，约伯特还专门约了一个女孩去参加学校举行的舞会，这也是约伯特唯一一次与女孩约会。

高中毕业后，约伯特去了佛蒙特州的一所军校。来到这里后不久，约伯特就染上了酗酒的毛病，常常因喝酒迟到，甚至彻夜不归。一年后，约伯特申请加入空军，但在正式入伍之前，他得去佛罗里达州训练一段时间。在此期间，约伯特与一名男子建立了十分亲密的关系。在进入奥法特空军基地服役后，约伯特与该男子成了室友。不久之后，约伯特迷上了侦探小说。有一天，室友告诉约伯特，空军基地的一名男子看上了他，让他远离约伯特。约伯特听后十分生气，他气冲冲地离开了宿舍。一周后，约伯特的室友搬走了，约伯特似乎受到了很大的刺激，于是很快就犯下了第一起命案。

【通过杀戮来体验自己的存在】

据约伯特所言，促使他第一次去杀人的原因是室友搬走了，他既愤怒又失落，那是他唯一的好朋友，他非常看重这个朋友。约伯特甚至还企图去寻找那个朋友，但被母亲拦了下来，于是他就犯下了谋杀案。但这只是导火索而已，就算那个朋友没有离开约伯特，生活中的某件事也会诱发约伯特去犯罪，因为他从六七岁的时候就开始幻想着杀人和吃人了，那些被害人身上的咬痕就是最有力的证据。后来约伯特在阅读侦探小说的时候得知，警方会根据咬痕寻找凶手，因此在之后的作案过程中，他会用刀在被害人身上划，以破坏尸体上的咬痕。

在接受精神鉴定的时候，约伯特告诉心理医生，他从第一次杀人的过程中体会到了一种无限的满足感，他觉得自己完全掌控了一个人的生命。此外，约伯特还提到自己在寻找目标和作案的时候并不会提前制订计划，他只是在将自己的幻想付诸实践。杀人后，约伯特会回到宿舍手淫，然后就睡着了，他从来不会觉得内疚。在监狱里等待死刑的时候，约伯特接受了FBI的采访，他提出了一个要求，想看看案发现场的照片，他想借此满足自己的邪恶幻想，或者手淫。

许多连环杀手在提到他们所犯下的谋杀罪行时，都会表示兴奋和满足，就像一个瘾君子在吸食毒品时所获得的刺激感。有些连环杀手有个悲惨的童年，曾遭受过虐待或性侵，于是他们长大后就以虐待、杀害他人为乐。但还有许多连环杀手所经历的童年与常人无异。约伯特虽然幼年就经历了父母离异，母亲对他管教得很严格，但有许多人和他有着相似的经历，这些人并未变成连环杀手。

像约伯特这样的连环杀手，从来不懂得何为爱和感情。当他提到自己的姐姐时，曾用"互不仇视"来形容自己与姐姐之间的感情。或许在他看来，这就是最具感情色彩的形容了。约伯特表面上看起来与常人无异，智商很高，但他的心理上存在致命的缺陷，他无法体会常人所拥有的情感，因为他的情绪唤醒度低、非常容易烦躁，他需要通过谋杀来使自己获得情感刺激，从而体验到自己的存在。

约伯特在十几岁时，跟着母亲一起上街。他看到一群人正在围殴一个人，那个人看起来既害怕又痛苦。换作正常人，必然会对此人的遭遇感到同情，但约伯特却觉得兴奋。长大后，约伯特开始通过幻想折磨和杀害他人来获得性快感。虽然约伯特是从1982年才开始杀人的，但十多年前他就一直沉浸在杀戮的幻想之中，被捕之后他也一直幻想着杀戮，终其一生他都无法摆脱这样的邪恶幻想。对于他来说，杀戮是他存在的意义。在约伯特被捕认罪之后，一名警察曾问过他一个问题："如果有一天，你获得了自由，你还会再杀人吗？"约伯特想了想后回答说："这恰恰也是我担忧和害怕的，我会的。"

Criminal Psychology

阳光男孩喜欢在黑夜杀人——

理查德·雷瓦·拉米雷斯

　　1985 年 8 月 30 日，洛杉矶的巡警在街道上巡逻时发现了一起群殴事件。当时一群人正在殴打一个男人，巡警立刻上前阻拦，那名被殴打的男子躺在地上，已经处于半昏迷的状态。他看到巡警后，一边请求帮助，一边承认自己正是被警方通缉的连环杀手理查德·雷瓦·拉米雷斯。

　　从 1984 年 6 月起，洛杉矶就相继出现了一系列谋杀案，被害人有男有女，有幼童也有老人。有的被害人被凶手一枪毙命，有的被害人被凶手活活砍死。这一系列谋杀案在洛杉矶引起了巨大的恐慌，人们都很担心自己会成为凶手屠刀下的下一个亡魂。警方为了尽快将凶手抓捕归案，就耗费巨资研究出了一个电脑辅助识别系统。警方将案发现场采集到的指纹和以往的犯罪记录输入了这个电脑系统后，找到了一个嫌疑人，他就是拉米雷斯，也就是在 8 月 30 日差点儿被一群人殴打致死的男子。

　　一个名叫皮诺的 56 岁男子告诉警方，当时他正在车下修理自己的汽车，当他听到汽车被发动后立刻从底盘下蹿了出来。他看到驾驶座上坐着一个男子，那个男子就是拉米雷斯，他立刻用手掐住了拉米雷斯的脖子。然后皮诺就听到拉米雷斯说他有枪，但皮诺根本不在乎，他直接回了一句："没人能拿走我的车！"当皮诺发现拉米雷斯想要开车逃走时，就死死抓住拉米雷斯。拉米雷斯驾驶的汽车由于皮诺的原因一直无法平稳行驶，先是撞倒了一片篱笆，后又扎进了车库里。当车停下来后，皮诺立刻打开车门，将拉米雷斯从车里拽了出来，并一路拖到大街上。

　　拉米雷斯当时的目的是想盗取皮诺的汽车。在犯下连环杀人案前，拉米雷斯是个盗窃惯犯。失败的拉米雷斯从地上爬起来，然后立刻逃离了皮诺所居住的街区，他来到了另一个街区，想抢劫一辆汽车。这时，他看到了一个女人正坐在车里。这个女人是个美籍西班牙人，28 岁，名叫安吉丽娜·德·拉·托雷斯。拉米雷斯走到车窗前，命令安吉丽娜将车钥匙交出来，不然就杀了她。安吉丽娜被吓了一跳，立刻尖叫起来。

安吉丽娜的家就在附近，而她的丈夫曼努埃尔在听到她的尖叫声后，立刻拿着一根铁棍从后院冲了出来，直接朝着拉米雷斯的后背敲了一棍。拉米雷斯吃惊地看了看这个打他的男人后，立刻惊慌地逃走了。

曼努埃尔没有打算放过拉米雷斯，一边在后面追赶拉米雷斯，一边喊人帮忙。邻居们听到曼努埃尔的喊声后立刻跑出来，一同追赶拉米雷斯。当拉米雷斯跑不动后，就和一群人打了起来。显然，拉米雷斯不可能是这群男人的对手，于是就只能挨打，所幸巡警及时赶到了，拉米雷斯立刻紧紧地抓住了巡警这根救命稻草。

拉米雷斯第一次杀人发生在 1984 年 6 月 28 日的深夜，当时他潜入了一名住户的家中，他的目的是盗取金钱或值钱物品，但他在屋子里翻找了许久都没什么收获。一怒之下，拉米雷斯就拿着刀刺向了正在睡觉的 79 岁的珍妮。他一连刺下了许多刀，然后割开了珍妮的喉咙。最后，拉米雷斯强奸了珍妮的尸体。

在拉米雷斯被捕的两年后，警方将他的 DNA 与一起女童被害案中所掌握的 DNA 证据进行比对，发现拉米雷斯涉嫌参与杀害了 9 岁的梁美珊。1984 年 4 月 10 日，梁美珊在旧金山田德隆区的一个家庭旅社地下室被害。当时拉米雷斯正好在附近旅馆居住，梁美珊极有可能是拉米雷斯杀害的第一名被害人。

从珍妮被害以后，拉米雷斯就喜欢上了黑夜杀人所带来的刺激感，他在选择目标的时候没有什么标准，只要是个人就可以。在杀人方式的选择上，拉米雷斯尝试了许多种作案工具，例如刀、手枪、木棍，甚至会用双手将被害人掐死。拉米雷斯只会在黑夜疯狂地杀人，到了白天他就会变成邻居们眼中的阳光男孩，主动为他们提供帮助。

1985 年 3 月 17 日，拉米雷斯在洛杉矶西北部的一处居民区随意挑选了一户潜入，他在厨房将人杀死后，将尸体倒立在一个洗手盆里，离开前他还顺手拿走了一顶海军帽戴在自己头上。拉米雷斯在车库遇到了一个年轻女子，于是立刻掏出手枪指着女子的额头，并用一种十分冰冷的目光看着女子。女子害怕极了，不断哀求拉米雷斯饶过她。当拉米雷斯发现女子想要逃走时，立刻开了枪，女子随着枪响倒在了地上，但很快爬起来继续逃跑。拉米雷斯一边紧随其后，一边不停地开枪，但都未击中女子。于是拉米雷斯放弃杀害女子，将枪插回腰间，转身离开了。

这个女子名叫安吉拉·巴里奥斯，在晚上 11 点左右下班回家。当她将车开进车库停好后，就遇到了穿着黑袍、戴着蓝色海军帽的拉米雷斯。当时安吉拉害怕极了，先是向拉米雷斯哀求，然后趁机逃走。当她发现拉米雷斯离开后，立刻以最快的速度逃回了家。就在安吉拉认为自己已经安全了的时候，突然发现地上有血迹，她跟随血迹来到了厨房，眼前的一幕让安吉拉差点儿吓死。厨房里到处都是血，室友达利的尸体正倒立在洗手盆里，洗手盆中淌满了鲜血。

等安吉拉的情绪稍微平复后，立刻拨打了报警电话。安吉拉将自己差点被一名男子开枪打死的遭遇告诉了警察，并提及凶手长得高高瘦瘦，穿着黑色的外袍，头上戴的那顶蓝色海军帽是她送给室友达利的生日礼物。

拉米雷斯在离开安吉拉所居住的街区后，在蒙特利公园附近的一条街上看到一辆车，车里只坐着一个女人，于是拉米雷斯将女子拖出车并朝她开了数枪。这名女子是位华人，名叫余彩莲，30 岁。余彩莲虽然被及时送到医院抢救，但因抢救无效死亡。

10 天后，当地又发生了一起凶杀案，一对 60 岁的老夫妇在自己家中被人枪杀。警方赶到案发现场后，看到了十分血腥的一幕：男主人的尸体倒在沙发上，头部中弹而亡；女主人的尸体在二楼的卧室，卧室里到处都是女主人的血迹，她的腹部有多处枪伤。对于目睹案发现场的警察们来说，这一幕让他们毕生难忘，有的甚至不得不接受心理治疗。

在接下来的 3 个月内，拉米雷斯在洛杉矶频繁作案，他所选择的作案时间都是深夜。有时他会直接给被害人一枪，有时他会用锤子砸死被害人，有时他会挖出被害人的眼睛，有时他会强奸并肢解被害人的尸体。拉米雷斯十分崇拜魔鬼撒旦，他在杀人后，通常会在被害人的家里播放自己喜爱的乐队唱片，然后一边吃东西一边在墙壁上画下有撒旦象征意义的倒置五角星。据一名幸存者回忆，当她遭受拉米雷斯强奸时，拉米雷斯会强迫她说"我爱撒旦"。

拉米雷斯被捕后，按照程序应该接受审判，但拉米雷斯的案件却拖了 4 年才作出了最终的死刑判决。按照美国的法律，为了判决的公正，参与审判的法官不得带有个人情绪，但当时拉米雷斯所犯案件的影响实在太大了，再加上拉米雷斯的被捕地点并非犯罪现场，所以他的案件一直在往后拖。

1989 年 9 月 20 日，在最后一次庭审中，拉米雷斯表现得十分张狂，他一边晃着椅子一边对着被害人家属冷笑，还主动向媒体展示自己画在手掌心的倒置五角星图形。当他得知自己被判处死刑时，表现得非常猖狂："我超越了你们的认知，我的行为已经超越神圣和邪恶的范畴，我不相信这个伪善、说教的公民社会，你们全是伪君子！死亡对我来说根本不算什么，别想用死刑吓唬我，反正谁都会死，咱们在迪士尼乐园见。"

最终拉米雷斯被送往圣昆丁监狱等待死刑，这座监狱还被称为"活死人监狱"，有大量的死刑犯在这里等待死亡，有许多死刑犯根本等不到死刑就病死了。

拉米雷斯虽然是个邪恶的连环杀手，却拥有一大批女粉丝。她们眼中的拉米雷斯是个帅气逼人的男人，而且她们还坚信他是无辜的。在1987年的一次听证会期间，大量的女粉丝聚集在场外声援拉米雷斯。

在拉米雷斯被宣布判处死刑时，一个名叫辛迪·黑登的女陪审员站出来为拉米雷斯说话。辛迪也是拉米雷斯的疯狂粉丝之一，在庭审过程中，辛迪一直含情脉脉地看着拉米雷斯，当拉米雷斯注意到辛迪的目光后，两人开始偷偷眉目传情。之后，辛迪为了表达自己对拉米雷斯的爱意，开始频繁给他送礼物，还在情人节那天特意做了一个蛋糕，上面写着"我爱你"。

在圣昆丁监狱里，拉米雷斯的日子过得十分疯狂，每天都有大量的女粉丝等待他的接见。拉米雷斯也十分擅长在女人们之间周旋，他会刻意在她们之间进行挑拨和教唆，然后看着她们为了自己相互吃醋和仇视。

1996 年，拉米雷斯和一个名叫德琳·里奥的女粉丝在狱中结婚。德琳在采访中表示，自从她看到拉米雷斯的照片后就深深地迷上了他的眼睛，之后就不断给拉米雷斯寄情书，并通过书信告诉拉米雷斯她还是个处女，其实德琳还是个智商很高并且拥有双学士学位的女性。

这时，美国人权组织和妇女保护机构站出来呼吁，无限期推迟对拉米雷斯的死刑执行，不能让德琳成为寡妇。于是拉米雷斯的死刑便一直拖延下去，直到 2013 年 6 月 7 日早上，拉米雷斯因肝功能衰竭在狱中去世。

1960 年 2 月 27 日，拉米雷斯出生于美国得克萨斯州，是家中 6 个孩子中最小的一个，他的父母是墨西哥移民。在拉米雷斯出生之前，他的母亲身体非常虚弱，她的身体根本不适合孕育生命，不少人都劝她放弃这个孩子，更何况之前她还生下了两个有缺陷的孩子。而且拉米雷斯的母亲在一家化学工厂工作了很长时间，即使怀孕期间也从未中断过上班。有专家认为，拉米雷斯的基因在核辐射和化学毒素的影响下变得具有暴力倾向。

拉米雷斯的父亲曾是墨西哥警察，他的父亲脾气非常火爆，动辄就会打骂家里的孩子，但拉米雷斯很少挨打，因为他是父亲心中的乖孩子，不像其他儿子那么淘气。拉米雷斯的母亲是个十分虔诚的天主教徒，每天按时祷告，按时去教堂。

作为一名拉丁裔美国人，拉米雷斯经常受到歧视。在当时的美国社会，种族歧视是一种十分严重的现象，像拉丁裔和黑人都是弱势群体。在这种不公平环境下长大的拉米雷斯一直对社会存在一种抵触和仇恨心理，并导致他开始崇拜恶魔撒旦。

年少时的拉米雷斯是个腼腆的男孩，待人非常和善，在学校里很受女孩子欢迎。曾和拉米雷斯交往过的女孩在采访时表示，拉米雷斯是个非常温柔的情人，没有什么攻击性。

七八岁时，拉米雷斯曾亲眼看到自己的哥哥被邻居猥亵。但拉米雷斯是否遭受了猥亵或性侵，他和他的哥哥都不记得了。从五年级开始，拉米雷斯的癫痫频频发作，从那以后他的性格就开始变得不同了。

12岁时，拉米雷斯开始和表哥迈克密切来往。迈克是个退伍军人，曾参加过越南战争，在回到美国后就开始吸毒，还教唆拉米雷斯和他一起吸毒，很快拉米雷斯也染上了毒瘾。迈克总会给拉米雷斯讲一些自己在战场上的遭遇，还会时不时地给拉米雷斯看一些他在越南拍摄的色情照片。不论是毒品、残酷的战争场面，还是色情照片，都给拉米雷斯带来了不一样的刺激体验，他很享受这种感觉，于是经常去找迈克，总和迈克待在一起。

有一次，拉米雷斯又去找迈克，迈克便拉着他一起吸毒。就在两人享受毒品所带来的快感时，迈克的妻子正好回来了，当她看到丈夫又在吸毒，就开始抱怨。迈克被妻子的抱怨激怒了，直接拿枪朝妻子开了一枪，妻子当场死亡。杀死妻子后，迈克才想到家里还有一个人，他要求拉米雷斯对这件事情保密。这幕场景在拉米雷斯的脑海里留下了十分深刻的印象，他第一次看到一个人将另一个活生生的人杀死，鲜血溅得到处都是。

后来，迈克因杀人罪被警方逮捕。作为重要证人的拉米雷斯对此事选择了沉默，并不是因为恐惧，而是他答应迈克要保密。最终迈克因精神状态错乱被判无罪。

在拉米雷斯的回忆中，当迈克被捕后他与母亲一起去迈克家里收拾东西，重返案发现场的他不仅没有恐惧，反而觉得很兴奋，甚至还能嗅到空气中散发着的血腥味。

13 岁时，拉米雷斯搬去和一个哥哥居住。如果说表哥将拉米雷斯引入歧途，那么这个哥哥则带着拉米雷斯在歧途上越走越远。拉米雷斯开始尝试大麻以外的毒品，例如摇头丸、迷幻蘑菇、天使粉，这些毒品与大麻这种成瘾性较低的毒品不同，成瘾性很高，虽然能给吸毒者带来极强的快感，但难以戒断，而且会使吸毒者进而寻求更大的快感，例如吸食更难戒断的毒品，或者加大毒品的剂量，或者从吸食改成注射。后来，拉米雷斯开始吸食可卡因，并开始用注射的方式尝试毒品。拉米雷斯从十来岁左右就开始吸食毒品，而且吸食时间长，毒品对他大脑的发育起到了十分严重的破坏作用。

拉米雷斯还从哥哥那里学会了偷窃，他屡次因偷窃被警方逮捕。在家乡埃尔帕索，拉米雷斯屡次因抢劫、偷窃和吸毒被警方逮捕，是警察局的常客，后来他为了更顺利地偷窃去了洛杉矶。

18 岁时，拉米雷斯接触到了一本和魔鬼撒旦有关的书——安东·拉维的《撒旦圣经》。阅读完这本书后，拉米雷斯就开始崇拜撒旦。在美国社会，撒旦虽然是一种宗教形象，却是恶魔的象征，被主流文化和信仰所厌弃。但有些叛逆的青少年会故意违背主流社会，从而出现崇拜撒旦的现象，但这种现象会随着年龄的增长渐渐消失。拉米雷斯不仅没有放弃撒旦这个偶像，反而专门去旧金山参加一项仪式，正式成为撒旦的门徒。据拉米雷斯回忆，在举行仪式的时候，他甚至感觉到了来自撒旦的触摸。

除此之外，拉米雷斯还很喜欢看恐怖血腥的电影和听重金属音乐，后来他迷上了地下天鹅绒乐队的歌曲，在一次作案时，他还专门穿上了该乐队的衣服。

从 1978 年起，拉米雷斯就切断了与家人的联系，家人也找不到他的踪迹。1983 年，拉米雷斯的姐姐在洛杉矶汽车站附近的廉价旅馆里找到了他，当时拉米雷斯正在给自己注射可卡因。拉米雷斯的姐姐劝他回家，说家人可以为他提供帮助，姐姐还劝他信仰天主教。但拉米雷斯拒绝了，他对姐姐说只有撒旦能保佑他。

【邦妮和克莱德症】

在拉米雷斯被捕后，出现了一种很奇怪的现象。像拉米雷斯这样的连环杀手本应该受到人们的唾弃，但他却拥有了一大批疯狂的女粉丝，例如陪审员辛迪和智商很高的德琳。其实拉米雷斯不是唯一一个和女粉丝结婚的连环杀手，泰德·邦迪在被捕后，就受到了许多女粉丝的追捧，她们为了表示对邦迪的支持，专门在庭审时留起了中分发型，与被邦迪害死的女子发型一样。后来邦迪和一名女粉丝卡罗尔·安布恩在监狱里举行了婚礼，而邦迪在被处死前，卡罗尔还怀上了他的孩子。

那么为什么会出现这种女性爱上连环杀手的奇怪现象呢？女性爱上连环杀手的心理被称为邦妮和克莱德症，也就是说这些女性与连环杀手之间的恋情在某种程度上满足了她们的心理需求。邦妮和克莱德症可分为主动型和被动型两类。

被动型又被称为救世主情节。被动型的女子占总人口的15%，她们的性格往往高度敏感，特别容易投入感情，会将自己幻想成救世主，轻易地对罪犯产生特别的同情心，想要和罪犯建立一种可以预测的关系，例如结婚，之后会想凭借自身力量来拯救罪犯。

心理学家和研究人员表示，被动型女性常有遭受虐待或尊严受到侵害的经历，这种经历会导致她们容易爱上有暴力罪行的犯人。因为与关在监狱里的犯人建立恋爱关系，会给她们带来一种安全感，她的男朋友或丈夫被关在监狱里，不可能殴打她或虐待她。

主动型的女性和被动型的正好相反，她们会像邦妮一样，希望有一个像克莱德一样的伴侣，两人一起去犯罪，通过犯罪来证明自己对伴侣的忠诚度。通常情况下，主动型的女性会容易接受暴力，和尚未被捕的罪犯一起去犯罪，例如协助伴侣寻找目标、抛尸等。在主动型的女性看来，能与一名男子一起去犯罪，就好像两人共同与全世界为敌，过程虽然很危险，但能带给她莫名的刺激和快感。

不论是被动型还是主动型的女性，都会因邦妮和克莱德症的影响陷入恶性恋爱关系中，或者饱受虐待。在拉米雷斯与德琳结婚后，人权组织与妇女保护机构为了德琳到处呼吁推迟拉米雷斯的死刑，从而避免德琳成为寡妇。但从德琳的角度看，她越早成为寡妇，就能越早从与拉米雷斯的这段恶性婚姻关系中摆脱出来。

Criminal Psychology

毁灭日本动漫产业的宅男——

宫崎勤

1988 年 8 月 22 日，日本埼玉县入间市的警方接到一对夫妇的报案，他们 4 岁的女儿今野真理在自己家附近失踪了。即使在警方的帮助下，这对夫妇也没有找到自己的女儿，一直没发现今野真理的踪迹。

10 月 3 日，埼玉县饭能市也发生了一起女童失踪案，失踪者是 7 岁的吉泽正美，也是在自己家附近失踪，父母虽然报了警，但仍然没有找到吉泽正美的下落。

12 月 9 日，埼玉县川越市的 4 岁女童难波绘梨香在自己家附近玩耍的时候失踪。这是埼玉县在短短几个月内发生的第三起女童失踪案，让当地警方十分头疼。

6 天后，有人在埼玉县名栗村附近山上的森林中发现了一具全身赤裸的女童尸体，后经证实死者正是 9 日失踪的难波绘梨香。她脖子处有十分明显的勒痕，很显然是被人勒死的。难波绘梨香被害的消息立刻被媒体报道，一时间引起了十分激烈的讨论，人们纷纷谴责凶手的残忍，居然会对一个年仅 4 岁的小女孩下手！

12 月 20 日，就在难波绘梨香的父亲还沉浸在女儿惨死的悲痛之中时，收到了一张神秘的明信片，不知道是谁寄过来的。上面所写的内容难波绘梨香的父亲也看不懂，于是就交给了警方。

警方在看到明信片后，立刻觉得这极有可能是凶手寄来的，上面所写的内容应该是凶手自创的密码，于是警方特意邀请日本密码专家来进行破译。破译出的内容是："难波绘梨香虽然死了，但她很快乐。"

1989 年 2 月 6 日深夜，今野真理的父母发现家门口有一个纸板箱，当他们打开后，发现里面有灰、炭化的木片，还有一些烧焦的细小人骨以及一条粉色短裤、拖鞋，一张纸片上还写着"真理""遗骨""烧""证明""鉴定"五个词，组合起来的意思是："今野真理的遗骨，火化过，你们可以鉴定。"今野真理的父母立刻将这个纸板箱交给了警方，警方怀疑里面可能是今野真理的遗骨。经过鉴定之后，遗骨的确是今野真理的，但有 10 颗牙齿不属于今野真理。

2 月 10 日，《朝日新闻》东京总社收到了一封声明信，这封声明信被邮寄者取名为《罪行声明》，里面的内容主要是讲述杀害今野真理的过程，而且这封信都是打印出来的。警方看到这封声明信后，怀疑是凶手寄来的。有许多连环杀手都非常喜欢炫耀自己所犯的罪行，而他们常常会采用和报社联系的方式来达到炫耀的目的。虽然信的内容十分残忍、疯狂，但凶手陈述的语气相当平稳。

2 月 11 日，今野真理的父母也收到了类似的声明信。

3 月 11 日，《朝日新闻》东京总社和今野真理的父母再次收到凶手寄的信，信中凶手所使用的语气不再平稳，而是带着挑衅的语气。例如凶手在信中写道："感谢你们举行葬礼。"这让被害人家属的愤怒达到了极点，他们向警方施压，希望警方能尽快将凶手抓捕归案。

6 月 6 日，东京都发生了一起女童失踪案，失踪者是 5 岁的野本绫子，居住在江东区东云，在自己家附近玩耍时失踪。

6 月 11 日，有人在埼玉县饭能市宫泽湖灵园内的流动厕所里发现了一具全身赤裸、无双手、无双脚、无头的女童尸体。后经证实，死者正是几天前失踪的野本绫子，警方怀疑杀死野本绫子的凶手与杀害埼玉县 3 名女童的凶手是同一人。野本绫子的惨死让埼玉县的人们变得恐慌不已，显然凶手是个十分变态的连环杀手，专找女童下手，而且作案手段越来越残忍。警察厅十分重视这几起连环女童失踪被害案件，于是专门成立了专案组，集中调查这几起案件，希望尽快将凶手抓捕，避免更多无辜女童被害。

7月23日，东京都八王子市的警察局走进来两个男人。其中一名男子告诉警方，自己6岁的女儿被这名男子诱拐上了一辆汽车，他看到后立刻尾随其后，后来他发现男子将自己的女儿带到了一处偏僻的树林中，而且试图脱下女儿的衣服进行全裸录像，于是他立刻上前将该男子制服，并扭送到警察局。于是警方以猥亵罪将该男子拘留。

该男子名叫宫崎勤，27岁，在东京都八王子市印刷厂工作。警方在宫崎勤的住所搜查时，发现了大量的幼童系性爱和虐待系漫画、惊悚恐怖片、动画、特摄片。这些发现说明宫崎勤有变态嗜好，最关键的是警方还找到了许多被害人的物品，以及宫崎勤拍摄的虐待、杀害被害人的录像，此外宫崎勤还将自己奸淫被害人尸体的场面也都拍摄下来。这些证据可以充分证明宫崎勤就是杀害4名女童的凶手。

8月9日，宫崎勤承认自己杀害了野本绫子，愿意带着警方去寻找野本绫子的头部。第二天，警方根据宫崎勤所提供的线索，在东京都奥多摩町找到了野本绫子的头部。8月13日，宫崎勤承认杀害了今野真理和难波绘梨香。9月5日，宫崎勤承认杀害了吉泽正美，并提供了掩埋吉泽正美尸体的地点，他还按照警方的要求，自然地演示了杀害吉泽正美的过程。第二天，警方在东京都五日市町向日峰附近找到了吉泽正美的遗骨和遗物。

1990年3月30日，宫崎勤接受了审判。庭审中，宫崎勤坦承自己杀害了4名女童，并肢解了她们的尸体，他还提到自己会和尸体一起睡觉，会喝下被害人的血、吃下被害人的部分尸体，例如野本绫子被切下的双手、双脚就被宫崎勤吃掉了。宫崎勤的供述让庭上的所有人都十分震惊，陪审团中有人怀疑宫崎勤的精神不正常，于是法庭为宫崎勤安排了一次精神鉴定。

庆应大学的保崎秀夫等人为宫崎勤做了精神鉴定。1992 年 3 月 31 日，保崎秀夫终于得出了鉴定结果，主要有三条：1. 极端的性格偏执症，虽然通常处于精神病状态下，但具有刑事责任和行为能力。2. 患有多重人格障碍，偶尔会处于有限的责任和行为能力状态中。3. 精神系统综合失调症。

1992 年 11 月 11 日，宫崎勤再次接受审判。这次庭审过程中，宫崎勤提到自己在决定杀害女童前，吃掉了祖父的遗骨，因为他相信只要他吃掉女童，就可以令祖父复活，但他又担心如果留着祖父的尸体，到时候会出现两个祖父。宫崎勤与祖父的感情非常好，所有家人中只有祖父会关心他。辩护律师以宫崎勤精神不正常为由要求法庭再次为宫崎勤进行精神鉴定，于是审判只能中断。这次鉴定结果显示宫崎勤具有多重人格、性倒错、性变态、虐待狂、食人等特征，失去了判断能力，从而导致行为异常。

宫崎勤所犯案件在当时的日本社会引起了巨大轰动，人们纷纷呼吁判处宫崎勤死刑，很多有女儿的家长会成天守在关押宫崎勤的拘留所门前，以表达对宫崎勤的愤怒，有的被害人家属在接受采访时甚至表示想要亲手宰了宫崎勤。

1996 年，宫崎勤又在法庭上接受审判，检察官提出宫崎勤犯有强奸猥亵、诱拐、杀人、尸体毁损、尸体遗弃等罪名，应该被判处死刑。辩护律师则声称，宫崎勤的精神状态明显不正常。

1997 年 4 月 14 日，宫崎勤在东京地方法院接受审判，被判处死刑。宫崎勤对此项判决结果表示不服，立刻提起上诉。

2001 年 6 月 28 日，宫崎勤在东京高等法院接受审判，依旧被判处死刑。

宫崎勤则以多重人格、无行为能力为由继续提起上诉。

2006年1月17日，东京地方最高法院在审理了宫崎勤的案件后，驳回了宫崎勤的上诉，宣告判处死刑。不过宫崎勤并未出现在法庭上，而是在监狱里等待宣判结果。当得知自己再一次被判处死刑后，宫崎勤表现得很冷静，他用十分平淡的语气说："一定是哪里出错了。过不了多久，我就会被无罪释放。"

在十多年的司法程序中，宫崎勤没有表现出任何悔意，也从未向被害人及其家属致歉，他将所有的罪责都推到一个所谓的"鼠人"身上。他说所有坏事都是鼠人干的，与他无关，他甚至还画出了鼠人的样子。

宫崎勤出生于一个显赫、富裕的家庭，他的家族在当地十分有名，上三代全是当地官员，父亲则从事印刷及出版地方报纸的业务。由于宫崎勤父亲体弱多病，于是祖父期望子孙的身体能够强壮，给宫崎勤起了一个带着"力"的名字。但宫崎勤却并未达到祖父的期望，他患有"先天性桡骨尺骨不全症"。

3岁时，宫崎勤的父母发现他有些不正常，他的双手无法举高，甚至连用手向上抓东西这样简单的动作都做不到。于是宫崎勤被送到医院接受检查，医生在检查时发现宫崎勤患有非常罕见的先天性桡骨尺骨不全症，这种病在日本历史上仅有150名患者。由于此病是先天性的，即使动手术，也只有1%的希望，于是宫崎勤的父母就放弃了治疗。

4岁时，宫崎勤像所有的日本儿童一样被父母送到幼儿园。幼儿园的小朋友很快就发现宫崎勤的双手与他们不一样，例如无法拿东西，于是小朋友们给宫崎勤取了一个"怪异者"的外号。

由于双手残疾的缘故，宫崎勤尽管学习成绩优异，但还是会遭到同龄人的嘲笑，这使他养成了内向的性格。宫崎勤除了上学外，总会一个人待在家里看漫画、看电视，从来不会和同学一起玩。

不过宫崎勤的学习成绩一直名列前茅，尤其是数学和英语学得更好。后来宫崎勤开始迷恋上了解谜，还成了《热狗通信》《大力水手》等杂志解谜小游戏的特约投稿者。在杀害4名女童时，宫崎勤还试图模仿黄道十二宫连环杀手，给被害人家属、报刊寄一些由密码组成的信，而这些密码都是他自己设计的。

后来宫崎勤迷上了录像和剪辑，他花了一大笔钱买了台录像机，会录制一些自己喜爱的电视节目，并进行剪辑。

宫崎勤与父母之间的关系很糟糕，他觉得父母对自己管教得太严格，相较于他，父母更喜欢弟弟。因此宫崎勤被捕之后，他一直与家人保持着距离。而当得知父亲因自己所犯的罪行羞愧得跳河自杀时，宫崎勤说："父亲死了会让我感到精神一振，会觉得很爽。"

不过宫崎勤与祖父的关系却很好，他觉得祖父是唯一关心自己的家人。但在1988年，宫崎勤的祖父因脑出血去世了，这给宫崎勤带来了致命的打击，他本就内向的性格变得更加古怪，常常与家人发生争执。

从那时起，宫崎勤就出现了偷窃行为，他会四处去偷录像带，即使他并不缺钱。在祖父去世的3个月后，宫崎勤度过了自己的26岁生日。过完生日的第二天，宫崎勤就诱拐并杀害了今野真理。

宫崎勤每次作案时都会开着车，看到小女孩后，就会下车将对方诱骗到自己车上，并开车来到偏僻处将被害人杀死，之后他会猥亵被害人的尸体，最后肢解尸体，并抛尸。宫崎勤在杀害今野真理后，将她的尸体丢弃在一个偏僻的地方。过了一段时间后，宫崎勤又回到了抛尸地点，他将尸体焚毁，并将焚烧后的残余物和今野真理的衣物一起送给了她的父母。

　　宫崎勤所选择的作案时间一般集中在下午 3 点到 6 点半之间，正好是托儿所或小学放学的时间，许多小女孩都会在一些公共场合，例如大街、公园、学校附近玩耍，而小女孩的家人一般会放任孩子独自玩耍，而不是看着她。这就给了宫崎勤可乘之机，他会主动上前和被害人搭讪，然后以玩耍、拍照等理由将被害人骗上车。宫崎勤看上去并非凶神恶煞，反而像邻家男孩一样，给人一种温和厚道的感觉，因此他很容易得到小女孩的信任，可以轻易将小女孩骗上车。而在宫崎勤被捕之后，人们除了愤怒外，还很震惊，毕竟宫崎勤看起来那么温和腼腆、无害。

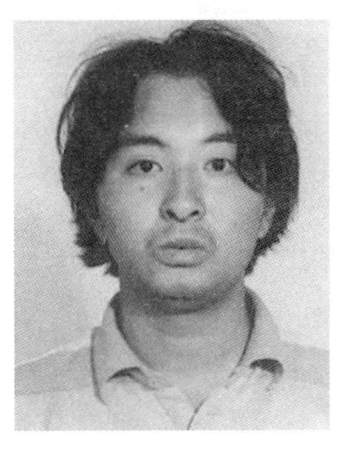

　　如果不是宫崎勤在准备对第 5 名小女孩下手时，正好被小女孩的父亲发现，还会有更多的小女孩丧命于宫崎勤手中，那么警方在调查中为什么没有怀疑上宫崎勤呢？除了无害的外貌外，宫崎勤出身世家、家境富有，以及优越的生活条件成了警方调查的死角。警方基本上不会怀疑一个从未有过前科的富家子弟，而且宫崎勤还残疾、体弱多病，看起来与一个变态杀人狂完全不符。此外，宫崎勤由于性格内向、孤僻，没有朋友，整天独自一人沉浸在漫画和游戏中，几乎没有人了解宫崎勤的行动。

宫崎勤事件除了给日本社会带来巨大震惊和愤怒外，还引起了许多人的担忧和反思，因为宫崎勤是个典型的宅男，沉迷于动漫游戏中。他在现实生活中由于性格孤僻，难以接近女性，就只能通过一些重口味的幼童系性爱、虐待系漫画来使自己获得性刺激。总之，宫崎勤明显受到了动漫文化的影响，无法分清虚假幻想和现实之间的界限，才做出了令人毛骨悚然的行为。

连环杀手泰德·邦迪在被处决之前提到了暴力色情作品对他的影响："色情作品中最具破坏性的就是性暴力，当你看过性暴力之类的色情作品后，你就会上瘾，你会从中得到兴奋感。渐渐地，你对性暴力元素的要求会越来越变态，当你的这种变态嗜好达到极致之后，你就会开始幻想，如果真正去做会带来更大的快感，远远超过阅读和观看时的快感。"或许宫崎勤就如同泰德·邦迪一样，不再满足于漫画带来的性刺激，开始残害女童。宫崎勤会将残害女童的过程都录下来，日后他会看着这些录像进行自慰。

不过宫崎勤所犯罪行的惊悚程度已经远远超过了正常人的承受能力，就连惊悚电影也比不上。警方在发现这些录像带后，就请了有着十几年办案资历的警察观看，他们都无法看下去，会忍不住转过头。

由于宫崎勤事件的影响，宅男受到了许多白眼和歧视，被人们贴上了变态的标签。而且宫崎勤还给日本动漫游戏产业带来了毁灭性的打击，漫画被看成是有害图书，遭到了许多人的声讨、批判。一直到 1995 年，漫画的销量才慢慢得以恢复，但漫画的印刷量仍然只有 1987 年的十分之一。

【色情作品和性暴力】

我们现如今所生活的社会被媒体大爆炸包围着，而暴力元素是媒体环境所必不可少的。例如充满了暴力元素的电影、电子游戏往往有很广阔的市场，在电影、漫画和电子游戏中，暴力的现象十分常见。随着技术的进步，电影和游戏会带给人们更真实的体验，在 3D 画面中，会给人一种身临其境的感觉，让人难以分清现实和虚幻之间的界限。

由于互联网的发展，人们可以轻易获得色情作品。色情作品为了给观看者带来更强烈的性刺激，往往会添加暴力的元素。常见的性暴力主要是强奸，有不少色情作品都会涉及强奸。在虚构的场景中，一个男人会采取暴力的手段试图和一个女人发生性关系，起初女人会进行反抗，但渐渐地她的性欲被唤醒，开始出现性兴奋，并享受这次强奸。这些虚拟的场景会使观看者产生一种扭曲的认识，即"强奸谬论"。

强奸谬论认为，女性对性骚扰的态度是欢迎的，当她拒绝一个男人的性要求时并非真的意味着拒绝，男性可以采用强制，甚至是暴力手段和女性发生性关系，因为在性暴力的色情作品中，女性会渐渐享受强奸带来的性快感。但实际上，女性在遭受强奸时并不会做出享受的反应。

调查研究显示，如果一个男人经常观看色情电影，尤其是涉及了性暴力，那么他更可能出现具有攻击性的行为，例如对自己的恋人进行身体攻击。

有不少色情作品的内容会涉及儿童，即对未成年人的性活动进行拍照或录像，其中往往涉及对儿童的剥削和虐待。调查显示，绝大多数因猥亵、强奸儿童被捕的罪犯都观看过儿童色情作品。显然，儿童色情作品助长了此类罪犯企图伤害儿童的幻想。

不过人们在观看色情作品时会具有一定的选择倾向，这取决于观看者自己的喜好。例如宫崎勤就会看一些重口味的幼童系性爱、虐待系漫画，他甚至还会将虐杀女童的过程拍摄下来，然后一边观看一边进行自慰。像他这样的变态癖好，绝大多数人都无法接受。

色情作品虽然会对观看者的行为产生一定的影响，但并不表示色情作品一定会导致性暴力行为的出现。像宫崎勤这样的变态连环杀手，漫画不应该成为他为自己罪行开脱的理由。

在宫崎勤的成长过程中，他的父母对他管教很严格，再加上双手的残疾，让宫崎勤的性格变得孤僻内向，长期宅在家里看漫画，并渐渐接触到幼童系性爱、虐待系漫画，如果他能早早地得到父母的正确引导，那么或许他就不会朝女童下手。研究显示，儿童和青少年更容易受到暴力媒体的影响，会出现模仿行为。例如一个孩子经常观看暴力电影，那么短时间内他的行为会变得具有攻击性。但只要在父母的正确引导下，也会消除暴力电影的影响，形成正确的认知，将现实生活和虚构的暴力场景分开。

Criminal Psychology

明星作家是杀人恶魔——

杰克·乌特维格

1990 年，奥地利西部福拉尔贝格州的警方接到报警电话，有人意外发现了一具赤裸的女尸。死者是 31 岁的海迪·海默勒，是一名妓女，她的脖子上缠绕着丝袜，丝袜被打成了活结，凶手用她的丝袜勒死了她。

法医在对海迪的衣服进行检查的时候，发现许多红色的纤维，这些纤维明显不是来自海迪的衣服，法医怀疑这可能是凶手留下的东西。而这也成为警方用来破案的关键线索，警方将这些纤维和许多犯罪嫌疑人衣服上的纤维进行了比对，结果一个也没匹配上，凶手依旧逍遥法外。

5 天后，300 千米之外格拉兹的警方也接到了一起凶杀案的报案，报案者在郊外的树林里发现了一具全身赤裸的女尸。死者名叫布鲁西德·玛莎，也是一名妓女，凶手用玛莎的内衣勒死了她。

很快，格拉兹警方接到一起失踪报案，失踪者是名妓女。警方在追查失踪线索时，什么也没发现。在之后的一个月内，维也纳的街道上，有 4 名妓女相继失踪。维也纳刑事侦查局局长麦斯·艾德巴赫在了解维也纳、福拉尔贝格州和格拉兹三地都出现了妓女被害案和失踪案后，开始怀疑凶手很有可能是个专门针对妓女的连环杀手。

1991 年 5 月 20 日，一个来维也纳游玩的人在郊区的森林里意外发现了一具全身赤裸的女尸。死者正是失踪的 25 岁妓女，名叫萨宾娜·莫兹。凶手将萨宾娜的尸体双腿劈开，摆成了大字形，这是一种颇具侮辱意味的姿势。在萨宾娜的脖子上缠绕着她的衣服，凶手用她的衣服打成活结勒死了她。

3 天后，又有一名旅游者在郊外的森林里发现了一具全身赤裸的女尸。死者是失踪的妓女凯琳·艾拉鲁，她与萨宾娜一样被凶手用衣服打成活结勒死，不过凯琳的尸体上有不少伤痕，生前应该遭受了毒打。

这两起妓女被害案与之前的案件一样，凶手作案十分谨慎，并未留下任何线索，这给警方的调查工作带来了极大的困难。

不久，警方就接到一名男子的电话，男子名叫鲁道夫·派拉姆，是失踪妓女丽吉娜的丈夫。鲁道夫告诉警方，他在丽吉娜失踪后的一天凌晨接到了丽吉娜手机打来的电话。打电话的是个陌生男子，他笑着描述了自己如何勒死丽吉娜以及丽吉娜的挣扎和惨叫。当时，鲁道夫只将这通电话视作一场恶作剧。

这一系列凶杀案在维也纳引起了巨大的轰动，奥地利的维也纳曾被誉为全世界犯罪率最低的城市，当地人一直以此为豪。人们都希望警方能尽快将凶手抓捕归案。由于没有任何线索，警方的调查工作毫无进展，于是人们纷纷开始指责警方的无能，媒体每天都在大肆宣扬此事，警察们每天都在承受巨大的舆论压力。

后来，维也纳刑事侦查局局长麦斯·艾德巴赫接受了电台采访，采访他的是一名作家兼记者杰克·乌特维格，乌特维格在参加电视节目时，经常讨论犯人改造和监狱改革的话题。在当地接连发生妓女被害案后，乌特维格还专门在杂志上开设专栏，写一些妓女失踪被害的文章。

乌特维格在采访麦斯局长时提到了妓女们的恐慌程度以及警方调查进度的缓慢。麦斯局长在回答问题时表示，警方所掌握的线索十分有限，根本不知道凶手到底是谁。

退休警察奥格斯特·辛纳在从报纸上了解了这一系列案件后，觉得被害人被杀的方式和抛尸地点都与十多年前的一起凶杀案十分相像，而制造这起凶杀案的人正是采访麦斯局长的乌特维格。

1974 年，乌特维格杀死了 18 岁少女玛格丽特·夏菲，玛格丽特的尸体在被发现时全身赤裸，被乌特维格用她的内衣勒死。之后乌特维格就被判处终身监禁。后来乌特维格遇到了奥地利政府实施的监狱改造计划，这项计划的目的是帮助犯人重返社会。乌特维格牢牢抓住了这个机会，通过阅读大量的书籍成了一个知名作家，提前获得了假释。

出狱后，作为奥地利罪犯重新社会化的最佳典范，乌特维格经常在电视上出现，还参加了一个全国联播的脱口秀节目，成了明星般的人物。在脱口秀节目中，乌特维格大放异彩，能够自如地和权威专家进行辩论、讨论，许多人都被乌特维格的独特人格魅力所吸引。

奥格斯特将自己的怀疑打电话告诉给专案组后，没有人愿意相信乌特维格是个连环杀手。因为乌特维格在维也纳混得很成功，是个知名作家和记者，有许多支持者，还有许多女朋友，根本没有杀死妓女的理由。

专案组当时没有其他嫌疑人，只能接受奥格斯特的说法，暂时跟踪和监控乌特维格。后来乌特维格离开了维也纳，去了洛杉矶，他准备在洛杉矶做一个犯罪新闻的采访。在乌特维格去洛杉矶的 5 周内，维也纳获得了暂时的平静，没有再出现过妓女失踪案和被害案。

1991 年 7 月中旬，乌特维格回到了奥地利，他去了维也纳南边的一个城市格拉兹。之后，格拉兹就出现了妓女失踪案。3 个月后，警方在一处树林里发现了一名妓女的尸体，她被凶手用丝袜打成一个活结勒死。这些凶杀案与1974 年发生的案件十分相似，麦斯局长也开始怀疑起乌特维格。回到维也纳后，麦斯局长立刻将他传到警察局进行审问。

在审问中，乌特维格表示他不愿意提及自己的过去，还提供了不在场证明，在妓女失踪期间，他正在办读书会。麦斯局长没有证据指控乌特维格，只能任其离开。

很快，格拉兹的警方就在一处森林里发现了失踪的妓女艾尔弗莱德·施拉姆的尸体，她的脖子处缠绕着由衣服打成的活结。接着，失踪妓女丽吉娜的尸体也被找到。她是警方发现的第七名被害人，她的脖子处缠绕着丝袜，丝袜被凶手打成了一个活结。这一系列案件的相似处，让警方更加怀疑乌特维格。

1992 年 2 月 14 日，警方在申请到逮捕令后，却发现乌特维格从奥地利消失了。警方随后对乌特维格的公寓进行了搜查，发现了一些可疑的账单和收据，这些证据均可以证明案发时乌特维格正在谋杀地。警方还发现了一条红色围巾，在被害人海迪的衣服上，法医就提取到了凶手留下的红色纤维物。警方将红色围巾送去进行检验，检验结果显示围巾的纤维物与案发现场的纤维物相吻合。这些证据虽然都可以证明乌特维格有重大作案嫌疑，但都是一些间接证据，无法直接证明乌特维格就是凶手。

由于乌特维格曾在洛杉矶待过 5 周，警方怀疑他在洛杉矶也犯下了命案，于是警方在和洛杉矶的警方取得联系后，发现那段时间内洛杉矶相继出现了 3 起妓女被害案，她们都是被凶手用内衣肩带打成活结勒死的，然后被凶手丢弃在人迹罕至的树林中。这 3 起命案与奥地利发生的妓女被害案十分相似。

警方在调查时发现乌特维格有个同居女友，名叫碧安卡·玛拉克。碧安卡是一家酒吧的服务员，她与乌特维格在酒吧认识，之后两人便开始频频约会，发展成男女朋友关系，并居住在一起。警方怀疑乌特维格就和碧安卡在一起，在得知碧安卡在瑞士工作后，警方就对二人展开了跨国追捕，但二人很快就开始逃亡，警方在美国佛罗里达州的迈阿密发现了他们的踪迹。

乌特维格在美国被捕后，洛杉矶的警方本想以谋杀罪起诉他，奥地利的警方也希望乌特维格能在洛杉矶受审，因为洛杉矶有死刑，而奥地利没有。但洛杉矶警方所掌握的证据只能证明乌特维格在谋杀案发生时曾出现在洛杉矶，这些证据无法用来定罪，于是乌特维格便被引渡回奥地利接受审判，而美国联邦调查局则负责协助调查。

1994 年 2 月，乌特维格接受了审判。在法庭上，乌特维格表现得十分自信，他坚称警方所掌握的证据只能证明他曾出现在案发地，与被害人有过接触，但无法证明他就是杀害她们的凶手。乌特维格还表示，自己没有理由杀害妓女，他在出狱后有过许多女朋友，她们都可以满足他的性需求，他对自己的性生活也很满意。控方表示，间接证据也是证据。最终陪审团作出裁决，将乌特维格判处终身监禁，不得申请假释。

对于这项判决结果，许多人都不接受，尤其是乌特维格的支持者，他们都相信乌特维格已经被监狱改造成了一个正常人，不可能是个连环杀手。乌特维格的女友碧安卡在接受采访时表示，她虽然不知道乌特维格到底是不是连环杀手，但她可以确定乌特维格并不像表面那样亲切，实际上和他相处是一件很困难的事情，碧安卡觉得乌特维格是个嫉妒心很强且控制欲极强的人。

在最初的相处中，碧安卡一直觉得乌特维格是个成功的作家和记者。但随着了解的深入，碧安卡发现乌特维格常常入不敷出，经常靠女人贴补，他从来不会尊重碧安卡，经常把她当作用人一样使唤，会命令她做许多家务。

更让碧安卡难以接受的是，乌特维格会主动给她介绍一些变相卖淫的工作，例如伴游，表面上只是陪客人看电影、吃饭，实际上是提供性服务。

在警方到处追捕乌特维格时，碧安卡接到了他的电话。在电话中，乌特维格表现得很可怜，他说自己被警方诬陷成连环杀人犯。碧安卡甚至能听到乌特维格在电话那头哭了起来，还哭得十分伤心。碧安卡一边安慰乌特维格，一边让他和自己一起回维也纳。乌特维格拒绝了，他不想再坐牢，于是两人就商量着逃往迈阿密。

在迈阿密，乌特维格没有任何经济来源，日子过得十分困难。为了过上在维也纳时的舒适生活，他开始教唆碧安卡去当脱衣舞女郎。碧安卡知道这其实是一份变相卖淫的工作，在拒绝后就离开了乌特维格，与他断绝了联系。

在判决结果出来 9 个小时后，乌特维格在羁押室里上吊自尽了，他把自己的裤子打成了一个活结，而这个活结与被害人脖子上的活结一模一样。尽管乌特维格生前一直声称自己是被冤枉的，但他自杀时所打的活结恰恰成了最直接的证据。有媒体戏称，自杀是乌特维格最完美的一次谋杀。

乌特维格于 1950 年 8 月 16 日出生于奥地利，他的母亲特雷西·乌特维格是个妓女，没有人知道他的父亲是谁，可能是特雷西的某个嫖客。在乌特维格出生后不久，他的母亲就将他扔给了外祖父。

当时的奥地利正处于战后的动荡不安之中，像乌特维格这样的儿童每天都在饿肚子，根本无法得到良好的照顾。乌特维格的外祖父则是个酗酒又暴力的男人，经常虐待乌特维格。外祖父还很喜欢带女人回家，有时是妓女，有时是女友，并当着乌特维格的面与女人发生性关系。

后来在政府的介入下，乌特维格离开了外祖父，开始在各个寄养家庭之间辗转。成年后，乌特维格便开始在社会上流浪，先后到过德国和瑞士，他经常因为盗窃、抢劫、袭击女性被捕。后来乌特维格对女性的态度越来越恶劣和暴力，他开始绑架和强奸未成年少女。

1974 年冬天，乌特维格想通过打劫获得一笔钱，于是他开着车在公路上游荡着，当他看到独自一人在路上行走的玛格丽特后，就决定朝她下手。乌特维格在玛格丽特身旁停下车，并邀请她上车。玛格丽特认识乌特维格，他是她的一个女性朋友的男友，于是玛格丽特毫无戒心地上车了。

乌特维格将玛格丽特带到了一个偏僻的树林中，他本来只打算抢点钱，但后来改变了主意，他决定干一件更刺激的事情。乌特维格强迫玛格丽特脱光衣服后，就开始用铁棍不停地殴打玛格丽特，最后用玛格丽特的内衣打成一个活结勒死了她。乌特维格很快就因谋杀玛格丽特被德国警方逮捕，按照当时的法律，乌特维格被押送到奥地利受审。

在法庭上，乌特维格表现得十分可怜和痛苦，他哭着说，他已经后悔了，希望陪审团能给他一次改过自新的机会。最终乌特维格被判处终身监禁。

当时奥地利正好处于一个关注惩教体系改革的历史时期，许多政客和知识分子都相信教育可以决定和改变一切，即使是杀人犯，在经过教育后，也完全可以融入正常的社会生活中。

乌特维格在服刑期间一边读书，一边创作剧本和自传。他所创作的剧本得到了许多人的喜爱，他一下子成了社会名人，甚至还有学者专门花时间来研究乌特维格，因为奥地利从来没有杀人犯能成为作家。

维也纳的文坛也开始追捧乌特维格这个创作新秀，将乌特维格当成文学使人向善的最佳代言人。乌特维格一下子成了社会的宠儿，公众开始将他看成一个内心善良、颇有才华的人，渐渐忽略了他是个杀人犯。在监狱的安排下，乌特维格接受了一系列精神测试，当他通过了所有测试后，监狱就批准他提前获得假释。他成了奥地利唯一一个仅仅被关了 15 年就获得自由的杀人犯。

获得自由后，乌特维格将自己自信、幽默、风趣、友善、迷人的一面展示在电视节目中，而将邪恶、冷血、暴力的那一面展示在红灯区的妓女面前。

【演出的情感】

在社会交往中，魅力是一种十分重要的社交能力，许多反社会人格者都具有这项能力，这让他们在社会交往中如鱼得水。但反社会人格者的魅力只能维持于初期的交往中，如果一个人因反社会人格者的魅力而选择和他做朋友，甚至成为恋人，那么随着交往的深入，他们就会发现与反社会人格者相处是一件十分痛苦的事情。

碧安卡一定对此深有体会，她被乌特维格身上风趣、幽默、迷人、友善、善于倾听的魅力所折服。其实不只碧安卡，乌特维格的其他女朋友也是如此。但当碧安卡和乌特维格开始同居生活以后，才发现他是个毫无感情的人，只想着控制和利用她，让她从事卖淫工作赚钱给他用。但碧安卡并未马上离开乌特维格，她和许多受害者一样，明知道与乌特维格这样的反社会人格者相处很痛苦，但还是无法抗拒他的魅力。

反社会人格者十分擅长控制一个人，当他觉得这个人可以被自己利用时，他就会开始琢磨，如何让这个人完全受自己掌控。想要控制一个人，暴力是最直接也最无用的手段。反社会人格者通常不会用暴力，他会选择奉承，不停地赞扬对方，或者寻找自己与对方之间的相似点，从而使对方更加亲近自己。

乌特维格在杀死玛格丽特后受审时，表现得十分可怜，哭着说自己后悔了，因为杀死玛格丽特而痛苦不已。实际上，乌特维格杀死玛格丽特并非失手，也不是处于激情状态下，他杀死玛格丽特仅仅是想干一件更刺激的事情。很显然，乌特维格是个反社会人格者，是个道德白痴，没有正常人所有的情感体验。但乌特维格却和许多反社会人格者一样会演戏，会自然地表演出一定的情感。

对于一个有着正常情感体验的人来说，看到一个人在哭或者可怜兮兮的样子，都会产生恻隐之心。碧安卡在和乌特维格逃往迈阿密之前接到了他的电话，在电话中乌特维格将自己塑造成一个被警察诬陷的可怜人，甚至还痛哭起来。这让碧安卡很同情他，就忘记了乌特维格之前伤害她的事情，于是毅然决然地跟着乌特维格开始逃亡。实际上，反社会人格者的眼泪与鳄鱼的眼泪一样，不具有任何情感，他只是在伪装成可怜的样子，通过对方的恻隐之心达到控制的目的。

乌特维格的再次作案，引发了许多犯罪心理学家的反思，他们开始思考一个拥有反社会人格的人是否能够通过教育变得像正常人一样。许多人都觉得不可能，反社会人格者在情感体验上就是个白痴，无法通过教育获得正常人的情感，他只会在教育中学会伪装，而一个善于表演情感的反社会人格者更加难以控制。例如乌特维格在获得假释前接受了一系列精神测试，他在监狱的教育下学会了伪装，假装成一个正常人，从而骗过了精神病医生。但他只是靠伪装通过了精神测试，他还是像以前那样是个冷血、暴力的人，有着变态的心理需求，因此在他恢复自由后，他开始大开杀戒，不给警方留下任何线索。乌特维格还是那个反社会人格者，只是变得更加狡猾。

Criminal Psychology

拥有天使面孔的夫妻杀手——

伯纳德和卡拉

1991 年 6 月 29 日，加拿大安大略省圣凯瑟琳斯市的警方接到一个报警电话，有对夫妻在吉布森湖划船时发现了一些水泥砖，他们从水泥砖的裂缝中看到了人体残肢。经过牙医鉴定，死者是 6 月 15 日失踪的 14 岁的莱斯利·马哈非。

莱斯利失踪的当天，出门参加一个在车祸中丧生的朋友的葬礼，她出门前向家人承诺会在晚上 11 点之前回家。凌晨 3 点，莱斯利在一个男性朋友的陪同下回家，或许是时间太晚，家人没给莱斯利开门。男性朋友觉得他已经将莱斯利送到了家门口，莱斯利一定可以找到安身之所，于是就离开了。从那以后，莱斯利就失踪了，直到有人发现了她的尸体。

法医在检查莱斯利的残尸时发现，莱斯利生前遭受了强奸，然后被杀死。凶手为了处理莱斯利的尸体，就将尸体肢解成几大块，但是肢解得很粗糙，最后凶手将肢解的尸体砌在水泥砖中。根据凶手简单肢解尸体的手法，警方认为凶手手中的工具非常有限，而且他一定有一个私人场地，否则如此处理尸体势必会引起邻居们的怀疑。

1992 年 4 月 30 日，有人在距圣凯瑟琳斯市约 45 分钟车程的伯灵顿市的一条壕沟里发现了一具全身赤裸的女尸，死者正是 4 月 16 日下午失踪的 15 岁的克里斯汀·福瑞奇。

克里斯汀是圣凯瑟琳斯市北部圣十字中学的学生，每天下午放学后就会立刻回家，因为她很挂念自己的爱犬。克里斯汀从学校走到家通常需要 15 分钟。当福瑞奇夫妇发现女儿没有按时回家后，觉得她一定出事了，就报了警。

当天，警方在克里斯汀放学的道路上搜寻了很长时间，都没有发现克里斯汀的踪迹，只在停车场找到了她遗留下的一只鞋子，警方当时就认定克里斯汀一定是被绑架了。在之后的十几天内，警方一直在苦苦寻找克里斯汀的下落，直到有人发现了她的尸体。

尸检结果显示，克里斯汀死亡时间不长，她在被绑架后，凶手并未立刻将她杀死，而是在折磨了她十几天后才结束了她的生命。克里斯汀生前遭受过性侵和虐待，她的脸上有十分明显的伤痕，但她的身体却显得很干净，似乎被凶手清洗过，凶手可能是为了销毁她尸身上的证据。克里斯汀有一头浓密的长发，但她的尸体被发现时，她的头发被剪短了，警方怀疑凶手将克里斯汀的头发当作战利品保存了起来。

1993 年 1 月 5 日，尼亚加拉警方接到一个报警电话，报警者是霍莫尔卡夫妇，他们的女儿卡拉·霍莫尔卡遭受了家暴，正在圣凯瑟琳斯综合医院接受治疗。后来卡拉对丈夫保罗·伯纳德提起了诉讼，控告他实施家暴。其实这不是卡拉第一次遭遇家暴，在此之前她一直试图维护伯纳德。

1992 年 12 月 27 日，伯纳德用一只手电筒殴打卡拉，导致卡拉的面部出现了严重伤痕。1993 年 1 月 4 日，卡拉去上班，同事立刻注意到了卡拉脸上的伤痕，他怀疑卡拉可能挨打了，于是就告诉了卡拉的父母。在父母的坚持下，卡拉去了医院，然后以家暴罪起诉伯纳德。之后，卡拉就搬到布兰普顿市与姨妈姨父居住在一起。而伯纳德在交了保释金后，很快获得了释放。

1993 年 2 月 9 日，多伦多的警方找到卡拉。警方向卡拉表示，他们怀疑伯纳德就是警方一直追捕的士嘉堡强奸犯，希望卡拉能配合警方的调查工作。卡拉说，她对伯纳德所犯案件毫不知情，她只知道伯纳德是个暴力狂，对她实施家暴。

在 1987 年至 1990 年间，安大略省多伦多市士嘉堡区发生了 12 起强奸案和 4 起强奸未遂案，被害人的年龄大多在 20 岁以下，而且多在傍晚时分从公交车站往家走的途中遭受强奸。这一系列强奸案引起了当地警方的重视，1988 年 5 月，当地警方成立了多伦多反性侵小组，专门追捕士嘉堡强奸犯。25 日这天，调查员在公交车站巡逻时发现了一名可疑男子，立刻追了上去，最终男子逃脱了调查员的追捕。11 月 17 日，警方又成立了一个特别工作小组，专门负责抓捕士嘉堡强奸犯。

1990 年 5 月 26 日，警方接到一个 19 岁年轻女子的报警电话，她遭受了强奸。由于被害人看到了士嘉堡强奸犯的相貌，于是警方在她的描述下制作了士嘉堡强奸犯肖像画，并在多伦多和周边地区的报纸上公开了肖像画。

6 月份，警方先后接到了两人的举报，他们举报的对象是同一个人，他们怀疑伯纳德就是士嘉堡强奸犯。虽然其中一名举报者在供述的过程中显得尴尬且不自然，但警方还是对其进行了审问。审问过后，警方得到了伯纳德的 DNA 样本。

第二天，伯纳德在交了保释金后获得了自由。警方当时并未怀疑伯纳德，毕竟伯纳德在接受审问的过程中表现得非常镇定，而且语言逻辑非常清晰，与警方所设想的犯罪嫌疑人特征完全不符。

1992 年 5 月底，警方接到一个名叫约翰·莫泰尔的男人的举报，约翰怀疑自己的朋友伯纳德可能是一名谋杀案的犯罪嫌疑人。11 月，警方向法医学中心提交了伯纳德的 DNA 样本，12 月法医中心开始进行检验。

1993 年 2 月，法医中心将鉴定结果发给了警方，伯纳德的 DNA 与士嘉堡强奸犯完全吻合，于是警方立刻派人监视伯纳德，并与卡拉约谈。

卡拉虽然在和警方约谈时没有供出伯纳德，但在晚上和姨妈姨父谈话时，她承认伯纳德就是士嘉堡强奸犯，还交代了自己与伯纳德一起奸杀了莱斯利和克里斯汀，他们还将整个强奸过程拍成了录像带。

2月11日，卡拉去找了律师，她将伯纳德的罪行以及自己所犯案件都告诉了律师乔治·沃克。第二天，乔治与刑法办公室主管穆瑞·西格见面，他希望能为卡拉申请到豁免权。穆瑞在了解了基本情况后对乔治说，尽管卡拉曾遭受过伯纳德的家暴，可能在暴力迫使下犯罪，但基于她在犯罪中的参与程度，无法得到豁免。

1993年2月17日，警方在申请到逮捕令和搜查令后，立刻将伯纳德逮捕，并对伯纳德的住所进行搜查。警方一共进行了71天的搜查，虽然找到了许多录像带，但都不能作为证据指控伯纳德。

1993年5月14日，政府和卡拉达成了一项协议，卡拉作为污点证人指证伯纳德，作为交换，卡拉只会被判处12年刑期，否则她将面临一级谋杀罪和二级谋杀罪的指控。5月17日，警方在卡拉的带领下，在卡拉和伯纳德的住处找到了一些和案件相关的DNA证据以及一张购置大量水泥的收据，而莱斯利的尸体就是在被肢解后砌在了水泥砖里。

1993年5月18日，伯纳德和卡拉接受了审判。12天前，伯纳德的辩护律师肯·穆瑞在他的授意下，在伯纳德的浴室里找到了6盒录像带。在18日这天，肯没有遵守他与伯纳德之间的约定，私自观看了录像带，这些录像带就是警方一直在苦苦寻找的证据。肯私自扣留了这些录像带，并决定将录像带作为指控卡拉的证据，从而推翻卡拉的证词。后来，肯开始担心自己的行为是否触犯了法律，于是就去咨询了其他律师，最后将录像带交给了警方。

在接下来的审判中，伯纳德承认自己就是士嘉堡强奸犯，对莱斯利和克里斯汀实施了强奸和虐待，但杀死她们的却是卡拉，他觉得卡拉没有控制好药物剂量，从而导致了莱斯利的死亡。卡拉指控伯纳德勒死了克里斯汀，伯纳德却说是卡拉在用棍子敲晕克里斯汀后，并将其勒死。

最终，伯纳德被判处终身监禁，卡拉则被判处了 12 年刑期。2005 年，卡拉出狱后与一名男子结婚，并生下一个孩子。2007 年，卡拉和丈夫、孩子离开加拿大，前往安德烈群岛。2010 年 10 月，卡拉回到加拿大，并再次结婚，生下 3 个孩子。

伯纳德和卡拉的罪行曝光后，让所有认识他们的人大吃一惊。在周围人看来，伯纳德和卡拉在外表上十分般配，男的阳光帅气、女的迷人大方，是一对完美夫妻，是人人称羡的金童玉女，他们还在尼亚加拉市举行了一场十分奢华的婚礼，身着盛装，乘坐着漂亮的马车宣告他们结为夫妻。

1987 年 10 月 17 日，在多伦多市士嘉堡区一家饭店里，伯纳德和卡拉相遇并一见钟情。当时的伯纳德 23 岁，刚刚大学毕业，卡拉 17 岁，还是个高中生。

在与伯纳德相处后不久，卡拉就发现伯纳德很喜欢粗暴的性爱，有施虐的倾向。卡拉不仅接受了伯纳德的虐待，还非常享受这种特殊的性爱。后来，伯纳德告诉卡拉，他就是警方一直在追捕的士嘉堡强奸犯，卡拉不仅表示接受，还鼓励伯纳德的强奸行为，甚至主动为伯纳德寻找猎物，与伯纳德协同作案。

1991年2月1日，伯纳德搬到圣凯瑟琳斯市和卡拉居住在一起。从那时起，士嘉堡系列强奸案突然停止了。与此同时，圣凯瑟琳斯市开始出现强奸案。有了卡拉的帮助，伯纳德在对年轻女子实施强奸时变得更加容易，有时候卡拉还会帮助伯纳德取得被害人的信任，甚至将自己的妹妹黛米·霍莫尔卡"献给"伯纳德。

自从伯纳德向卡拉求婚后，伯纳德就经常和卡拉的家人在一起聚会，卡拉的家人都很喜欢这个看起来阳光、帅气的男人。当卡拉注意到伯纳德总是盯着黛米，而且时不时地和黛米调情后，就开始帮助伯纳德强奸黛米。伯纳德在和卡拉谈恋爱后，对卡拉不是处女这件事一直很介意，卡拉为了弥补伯纳德的缺憾，就决定让伯纳德得到黛米的处女之身，并将之称为送给伯纳德的圣诞礼物。

1990年7月24日，卡拉利用职务之便从马丁内尔兽医诊所偷了一些安定，然后加入黛米的晚餐——意大利面的酱汁中。黛米吃下后，意识开始模糊，最终陷入了昏迷。卡拉叫来伯纳德，在伯纳德强奸黛米时，卡拉就在一旁观看。1分钟后，伯纳德发现黛米有清醒的迹象，立刻停止了强奸。

1990年12月23日，卡拉将一杯掺着安眠药的蛋奶酒递给了黛米，并看着她喝下。黛米昏迷后，卡拉就和伯纳德一起将黛米带到地下室，并将她的衣服脱掉。为了避免黛米中途醒来，卡拉还用从诊所偷来的麻醉剂氟烷撒在衣服上捂住黛米的口鼻。在地下室里，伯纳德实施着暴行，卡拉则在一旁录像，将全程都拍摄下来。而霍莫尔卡夫妇对这一切毫不知情，正在楼上睡觉。

当黛米出现呕吐迹象后，伯纳德和卡拉才意识到事态的严重性，他们立刻对黛米进行了心肺复苏，但毫无效果。于是他们开始清理现场的证据，在给黛米穿好衣服后，将黛米转移到卧室，最后拨打了911。

黛米随后被送往圣凯瑟琳斯市综合医院抢救，医生在进行了几个小时的努力后，还是未能使黛米恢复意识，最终黛米被宣告死亡。

法医在对黛米的尸体进行检查时发现，导致黛米死亡的原因是窒息，黛米在昏迷中被自己的呕吐物堵住了气管。当时法医和警方只将黛米的死看成是一场因醉酒导致的意外，并未对黛米口鼻周围和脸部大片的化学灼伤起疑。在伯纳德和卡拉被捕后，警方才重新调查了黛米的死因。

后来，伯纳德和卡拉就搬了出去，在达尔豪西港租了一间房子。之后，卡拉就开始邀请一些女孩到自己家中做客，她会诱使女孩喝下掺着强效麻醉剂的酒，在女孩昏迷后，卡拉就会打电话叫伯纳德回家，伯纳德会对女孩实施强奸。等女孩醒来后，卡拉就会告诉她，她喝醉了。有时，卡拉也会和伯纳德一起上街寻找猎物，莱斯利和克里斯汀就是他们从街上绑走的。

1991年6月15日的晚上，伯纳德在莱斯利家附近偷车牌时，发现了莱斯利。他主动上前和莱斯利搭讪，将她引诱到自己的汽车旁边后，强迫莱斯利上了车。之后，伯纳德将莱斯利带回了自己的住所。

在之后的24小时内，伯纳德对莱斯利实施了多次性侵，而卡拉则将过程拍摄下来。在此期间，莱斯利对伯纳德说，她的蒙眼布松了。这让伯纳德觉得很不安，他怀疑莱斯利看到了自己的样子，于是就起了杀心。据卡拉的证词，在她用药迷昏莱斯利后，伯纳德就用电线勒死了莱斯利。而伯纳德的说法是，在他离开后，莱斯利才死，他怀疑卡拉下了过多剂量的药物。莱斯利死后，他们将她的尸体暂时搁置在地下室。

6月16日，这天是父亲节，霍莫尔卡夫妇带着二女儿罗瑞和卡拉、伯纳德共进晚餐。在家人离开后，伯纳德和卡拉便到地下室处理莱斯利的尸体，他们用圆锯肢解了莱斯利的尸体，并在尸体外面糊上了厚厚的水泥。之后，伯纳德和卡拉就开着车一趟趟将这些水泥砖扔到了吉布森湖的浅水里。

1991 年 6 月 29 日，伯纳德和卡拉举行了一场盛大的婚礼。同一天，莱斯利的尸体被人发现。

1992 年 4 月 16 日，伯纳德开着车带着卡拉在圣凯瑟琳斯市的街道上慢慢行驶着，寻找潜在的猎物。当他们看到克里斯汀后，就将车停在路德教堂附近的停车场，然后开始接近克里斯汀。

卡拉手里拿着一份地图，她装作问路的样子吸引克里斯汀的注意，而伯纳德则从克里斯汀身后下手，用一把刀子胁迫克里斯汀上了车。在伯纳德开车的时候，卡拉则用力拽住克里斯汀的头发控制着她。

在之后的几天内，克里斯汀遭受了伯纳德的虐待和强奸，整个过程还被拍摄下来。4 月 18 日，当地警方接到一名女子凯瑞·派翠克的报案，凯瑞在街上认出了伯纳德这个尾随过她的男人。只是当时警方并未重视这起报案，从而错失了解救克里斯汀的最后机会。其实从一开始，伯纳德和卡拉就准备杀死克里斯汀，他们没有给她蒙眼，她完全看得清楚两人的样子。

至于到底是谁杀死了克里斯汀，伯纳德和卡拉都将责任推到对方身上。卡拉说，她亲眼看着伯纳德掐死了克里斯汀。而伯纳德则说，卡拉在克里斯汀想要逃跑时用棍子敲了她一下，然后用绳子勒住了克里斯汀的脖子，直到克里斯汀咽气。为了避免警方确认克里斯汀的身份，他们还专门将她的头发剪掉。

1964 年 8 月 27 日，伯纳德出生于一个富裕的家庭。伯纳德的祖父是意大利移民，祖母来自英国，他的祖父是个非常成功的商人，在为妻儿提供富裕生活的同时，总会实施家暴。伯纳德的父亲肯尼斯是名会计师，母亲玛丽莲是个千金小姐。玛丽莲在嫁给肯尼斯前，曾有过一个男朋友，但两人的恋情遭到了父母的反对，她只能嫁给同样出身富裕的肯尼斯。

婚后，玛丽莲为肯尼斯生下了一双儿女。肯尼斯也有家暴的倾向，玛丽莲总会受到肯尼斯的虐待，无法从婚姻生活中感受到幸福的玛丽莲在和男朋友相遇后立刻旧情复燃，并怀孕了。之后，玛丽莲就生下了伯纳德。肯尼斯知道妻子出轨，也知道伯纳德是个私生子，但他并不介意，还将伯纳德当成自己的儿子进行抚养。

1975 年，肯尼斯因猥亵儿童被起诉，他甚至还对自己的亲生女儿进行了性侵。玛丽莲对肯尼斯的这些行为虽然十分厌恶，却无能为力，于是开始变得郁郁寡欢、暴饮暴食，身材也变得越来越肥胖。后来玛丽莲干脆放弃与家人相处，搬到地下室独自一人生活。

这种糟糕的家庭生活严重影响了伯纳德哥哥姐姐的成长，给他们的心理造成了不同程度的创伤，他们开始变得抑郁和叛逆起来。但伯纳德似乎没受到什么影响，他性格活泼开朗，脸上总挂着甜甜的笑容，再加上他长得很可爱，周围的人都很喜欢他。

16 岁时，伯纳德在和母亲的一次争吵中得知，他不是肯尼斯的儿子，他只是一个私生子。这个消息令伯纳德深受打击，他开始公然辱骂母亲，以"白痴"和"荡妇"称呼玛丽莲，从那时起他就开始憎恨女人。同时，伯纳德开始了解肯尼斯有一些变态的嗜好，他也开始厌恶和憎恨肯尼斯。

从劳里埃特别中学毕业后，伯纳德就开始谈恋爱。据伯纳德的前女友们反映，伯纳德在最初约会时表现得还算体贴，但随着关系的深入，她们就发现伯纳德有令人难以忍受的暴力倾向，尤其喜爱粗暴的性爱，只有实施虐待他才会变得兴奋起来。实际上，伯纳德的那些体贴技巧都是从书上学来的，他本质上有许多不正常的性癖好，喜欢侮辱和殴打女人。

1970 年 5 月 4 日，卡拉出生于圣凯瑟琳斯市，是家里的长女，有两个妹妹。从丘吉尔中学毕业后，卡拉就在兽医诊所找了一份兽医助理的工作。在工作期间，卡拉利用职务之便偷取过一些药物，并将其运用到犯罪中。

【危险的吸引力】

伯纳德是个性虐待者，他在性行为中会虐待性伴侣，只有对方越痛苦，他才会越兴奋。性虐待者在现实生活中常常颇具魅力，能轻易俘获一名女子。相较于伯纳德，卡拉的行为更令人费解，她不仅能忍受伯纳德的粗暴性爱和殴打，并且主动参与到伯纳德的犯罪行为中，甚至不惜牺牲自己的亲妹妹。

在接受审判的时候，卡拉表现得非常可怜，她觉得自己所做的一切都受到了伯纳德的胁迫。在她与伯纳德相识时，她的年龄只有 17 岁。而伯纳德之所以会选择和她在一起，不过是觉得她很好控制，伯纳德不止一次地教唆她远离父母家人。而且伯纳德从来不会将卡拉当成一个人看待，会经常殴打她。对于卡拉的这番说辞，许多人都不肯接受，毕竟她的所作所为不能仅仅用受到胁迫来解释。

像伯纳德这样的性虐待者，正常人的想法都是远离他，他的前女友们都是在无法忍受他的虐待后选择了分手。这是因为伯纳德更像一个掠食动物，他只会从一个女人身上掠夺自己想要的东西，哪怕会给对方带来伤害。面对掠食动物，正常人的反应都是害怕，会觉得危险，一定要远离。但对于极少数人来说，危险常常伴随着吸引力，卡拉显然就是此类人。

反社会者身上往往有很强的个人魅力，这有助于他与周围人建立良好的人际关系，也有助于他轻易俘获猎物。这种强大的个人魅力会透露出一些危险性，这种危险性不仅不会减弱他身上的魅力，反而会使他更加迷人。

每个人都有冒险的倾向，会在平淡生活中尝试一些冒险行为，从而让自己的生活变得更刺激一些，这使得危险具有一定的吸引力。例如有的人会选择蹦极，有的人会去坐过山车。而反社会者身上有着非常明显的冒险性特征，他会让一个人觉得，只要和他在一起后就会过上刺激的日子，就会摆脱无聊乏味的人生。

反社会者十分擅长对一个人进行操控，例如伯纳德就十分擅长运用自己英俊的外貌，热情地追求卡拉。在两人谈恋爱后，为了便于操控卡拉，伯纳德会让她远离自己的亲朋好友。一旦卡拉被孤立了，她就只能依赖伯纳德，会觉得和伯纳德一起实施犯罪行为是一件很酷的事情。

Criminal Psychology

凶手的年龄只有 10 岁——

乔恩和罗伯特

1993 年 2 月 12 日下午 4 点 14 分，英国利物浦的警方接到一名女士丹尼斯·巴尔杰的报警电话，她两岁的儿子詹姆士·巴尔杰在购物中心失踪了。丹尼斯当时带着詹姆士在购物中心买东西，在去收银台缴费的时候，詹姆士就站在肉铺前，当丹尼斯付完款后却发现肉铺前早已没了詹姆士的身影。

丹尼斯立刻向购物中心的保安反映情况，商场便开始循环播放寻人启事："一个穿蓝色连帽夹克和灰色长裤的两岁男孩在商场内走失，请看见他的顾客领其到保安处，他的母亲正在等他，谢谢！"在保安处等了一会儿后还没有詹姆士的消息，心急如焚的丹尼斯只能立刻报警。

警方在调取了商场内的监控录像后，看到一个十来岁的男孩拉着一个刚刚学会走路的孩子的手，在 15 点 42 分走出购物中心。在这两个孩子前面不远处，有另一个十来岁的男孩在领路，这情景看起来就像两个哥哥带着弟弟在商场玩耍。经丹尼斯辨认，那个小男孩正是她的儿子詹姆士。

当 3 个男孩走出监控范围后，警方为了得到更多与詹姆士失踪有关的线索，便通过新闻的方式向公众征集线索，还公开了那段监控录像。

当天晚上，一名老妇人在看新闻时看到这则儿童失踪案的报道，她回想起自己白天时看到的情景，于是立刻报了警。在三个男孩经过一个水库时，这个老妇人看到小詹姆士的脸上有伤，就上前询问情况。两个大男孩对她说，小男孩脸上的伤是他自己不小心摔的。老妇人当即建议他们去找警察帮忙，还告诉他们附近警察局的方向，但他们却朝着其他方向走了。老妇人当即怀疑起来，就朝着他们的背影大喊，但两个大男孩都没回头。

还有一个带着女儿的女人也看到了 3 个可疑的男孩，当时她还问他们在做什么。其中两个大男孩对她说，发现了一个迷路的小孩，他们正准备把他带到警察局去，但女人却注意到警察局明显不在这个方向，于是她蹲下来查看小男孩的情况。当看到小男孩的脸上有伤痕时，就问他："你还好吗？"小男孩看起来很害怕，什么也没说。这时，其中一个大男孩看上去很紧张，想要逃走，但另一个大男孩却表现得很镇定。女子感觉事有蹊跷，于是就想将他们送到警察局。但女子当时正带着女儿，女儿已经累得走不动了。正好有个遛狗的女人路过此地，女子就拜托她暂时照看一下自己的女儿，却被对方拒绝了，女子只能眼睁睁地看着 3 人离去。

一个在宠物店工作的人也看到过两个大男孩带着一个小男孩，当时他们还在宠物店待了一会儿。当他注意到小男孩脸上有伤时就打算拦下他们，但当时街上突然着火了，他忙着去救火，那 3 个男孩就趁乱离开了宠物店。

2 月 14 日，4 个小男孩在铁道附近寻找踢失的足球时发现了一具小男孩的尸体。警方赶到后看到了这样一幕：一具儿童的尸体就被放在铁轨上，已经被火车轧成了两截。后经确认死者正是失踪的詹姆士。警方考虑到詹姆士的父母无法承受这惨不忍睹的一幕，立刻封锁了现场，没有让记者给尸体拍照，只告诉记者发现了失踪的詹姆士的尸体。

尸检结果显示，詹姆士的身上共有 42 处伤痕，主要集中在脸上和头部，并且有多处骨折和刺伤，生殖器上也有伤痕，直肠里还有节电池。显然，詹姆士生前遭受了十分严重的虐待，但他并没有马上在虐待下死亡，在被扔在铁道上好长时间后才断气。

詹姆士的死在当时立刻引起了巨大的轰动，许多人为了表示对詹姆士和他父母的同情，纷纷自发来到铁道旁为詹姆士举行追悼仪式，甚至连詹姆士被拐走的购物中心的门口也成了人们追悼詹姆士的场所，摆满了人们献上的鲜花、玩具和烛光。媒体自然也十分关心詹姆士，那段时间许多报刊的头版头条都与詹姆士有关，要么是案件的侦破进程，要么是詹姆士下葬以及出殡的情况。

不过警方随后公开的案件信息更让人们觉得惊讶，杀死詹姆士的凶手既不是人贩子也不是恋童癖，而是两个看起来只有十来岁的男孩。

由于监控录像只拍到了两个男孩的背影，警方无法确认他们的身份，只能确认他们的年龄应该在 10 岁到 14 岁之间。于是警方开始从各所学校排查 2 月 12 日这天缺课的学生，以找到和两个男孩相貌相符的嫌疑人。

詹姆士的惨死引起了公众极大的同情，许多目击者纷纷向警方提供线索，甚至有的父母会主动报警，揭发自己的儿子有作案嫌疑。一个匿名女子告诉警方，她的儿子罗伯特·汤普森在案发当天逃学，而且回家时衣服上有可疑的蓝色涂漆。

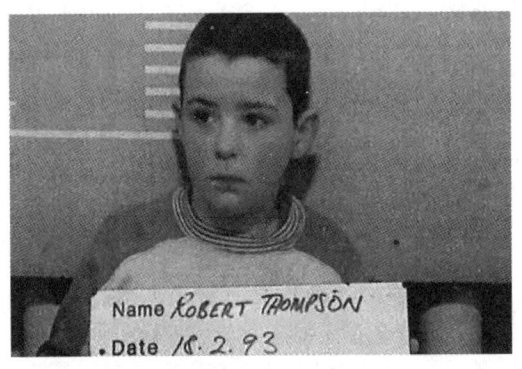

另一个匿名女子报警称，她有个朋友名叫乔恩·韦纳，很可能是杀害詹姆士的凶手之一。

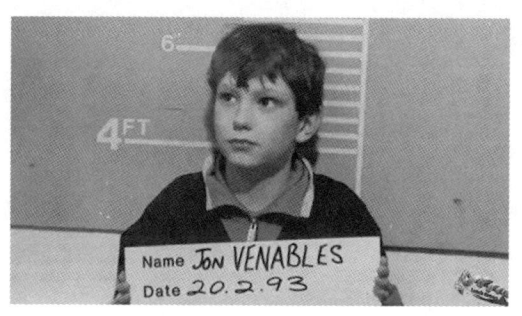

　　警方分别派出警察到乔恩和罗伯特家。警方在罗伯特家找到了沾有血迹的鞋子，罗伯特意识到事情可能败露了，就开始哭起来。

　　另一队警察来到乔恩家时，乔恩倒是表现得很镇定，但当警察准备将乔恩带走时，乔恩立刻抱着母亲的腿哭起来，边哭边喊着："妈妈，我不想坐牢，我没有杀死那个小孩，那都是罗伯特的主意，和我无关。"警方还在乔恩家找到了残留着詹姆士手纹和血迹的衣服。在被强制带到警车上后，乔恩表现得有些神经质，一直不停地问警察，是否抓到了罗伯特。而当警方要提取他的指纹时，乔恩立刻变得十分紧张："这有什么用？是不是碰了人的皮肤后就会留下指纹？你们要罗伯特的指纹了吗？"

　　两名凶手的年龄只有 10 岁，在审讯的过程中给警方带来了很大的麻烦。乔恩表现得很慌乱，情绪一度失控，变得歇斯底里起来，于是警方只能安排他的母亲进行安抚。刚看到母亲时，乔恩显得很激动，但在母亲的安慰下，乔恩很快安静下来，开始交代案情。

　　与乔恩不同，罗伯特表现得很镇定，他告诉警察，在詹姆士失踪的那天，他的确逃课和乔恩一起到购物中心玩耍，他们也看到了詹姆士，但并未将他带走。离开购物中心后，他就和乔恩去了图书馆，然后回家了。警方随后质问道："为什么监控录像上带走詹姆士的那个男孩穿着和你一样的夹克？"罗伯特回答说："这是一种很常见的夹克，到处都有卖的。"

警察："我们认定就是你和乔恩拐走了詹姆士。"罗伯特："谁说的？"警察："我们说的。"罗伯特："不，我没有拐走他。"警察："那你告诉我们，那天究竟发生了什么？"罗伯特："报纸上不是都说了吗？是乔恩牵着他的手。"

当然，罗伯特并不是永远如此镇定，当警察拆穿了他的谎言时，罗伯特会哭起来。但罗伯特哭的时候只有哭声，没有眼泪，这让警察怀疑他是否真的感觉到了伤心，每当警察不再逼问他时，罗伯特的哭声会立刻停止。

有时候，罗伯特被审问得不耐烦，就会冲着警察大喊大叫："你去问问我们的老师，看我和乔恩谁更坏，她一定会说乔恩最坏！而且我也有亲弟弟，如果我想杀死一个小孩，为什么不找他下手？"

当警察问及詹姆士生殖器上的外伤和直肠内的电池时，罗伯特显得十分激动，他大声争辩道："我不是一个变态！"并拒绝回答这个问题。

最后，罗伯特终于承认自己参与绑架并杀害了詹姆士，但动手的主要是乔恩，他还试图阻止过，不过没成功。

为了了解詹姆士被害的整个过程，警方还专门找来了心理专家。心理专家从罗伯特的家人那里了解到，罗伯特很喜欢洋娃娃，尤其是能说话和唱歌的洋娃娃，于是心理学家决定采用"角色代入法"，让罗伯特用木偶演示整个作案过程，心理专家一共带了 3 个洋娃娃，还有一些代表着杀人凶器的刀具。心理专家对罗伯特说，这 3 个木偶分别代表着他、乔恩和詹姆士，然后诱导罗伯特演示案发经过。罗伯特就开始演示乔恩木偶如何殴打詹姆士木偶，而他的木偶则在极力阻止乔恩木偶施暴。

乔恩和罗伯特在审讯中的表现会让人产生一种误会：在拐走并杀害詹姆

士的整个过程中，罗伯特是主谋，乔恩则是个旁观者。在警方进行深入的调查后发现事实并非如此，乔恩扮演着非常重要的角色，当然罗伯特也不是一个旁观者。

乔恩经常和父亲一起观看暴力题材的电影，而往詹姆士脸上泼颜料就是他的主意，这是他从电影上学习到的杀人桥段。据乔恩的老师反映，乔恩虽然身材瘦小，但有暴力倾向，尤其在他烦躁的时候暴力倾向会更严重，而且乔恩曾因打架被迫转过学。

与乔恩不同，罗伯特在现实生活中是个羞涩内向的男孩，在见到陌生人时很容易紧张。在他们拐走詹姆士的途中，接连遇到了几个怀疑他和乔恩的路人，罗伯特一度表现得很紧张，并想抛下詹姆士逃走，乔恩则表现得非常镇定，还不停地鼓励罗伯特要镇定。

在詹姆士被害的消息传得满天飞时，罗伯特和乔恩分别出现了不同的反应。罗伯特悄悄参加了詹姆士的追悼仪式，并献上了一朵玫瑰。在警察问他为什么要给詹姆士献上一朵玫瑰时，罗伯特回答说："当时我很想救他，但没做到，事后我很后悔。"至于到底是自愿还是掩饰，或许只有罗伯特自己才知道。

乔恩也十分关心案情的进展，经常和母亲谈论詹姆士的案情，还会义愤填膺地说："别让我看到这两个小恶魔，我会把他们的脑袋拧下来！"当从母亲那里得知詹姆士的尸体被找到时，乔恩会用充满同情的语气对母亲说："他的妈妈真可怜。"

1993 年 11 月 1 日，罗伯特和乔恩被送往普雷斯顿皇家法庭接受审判。法庭外聚集了将近 500 名示威者，他们要求重判两名凶手。在法庭上，罗伯特和乔恩被安排坐在垫高的椅子上，从头到尾一直保持着沉默。最终法官莫兰宣布两人所犯谋杀罪名成立，被判处 8 年监禁，他们也因此成为英国现代历史上年纪最小的杀人犯。

但这项判决结果显然不能平息人们的愤怒，在舆论的压力下，随后英国最高法院对此案重新进行了审理，法官泰勒勋爵将两人的刑期增加到 10 年。不久之后，英国的内政大臣迈克尔·霍华德就收到了一份有 2.8 万个签名的请愿书，请愿书请求加重对乔恩和罗伯特的惩罚，最终霍华德将两人的刑期增加到 15 年。

罗伯特和乔恩的辩护律师立刻提出了抗议，他以政府干涉司法判决和未成年人享有一些"特权"为由告到了欧洲人权委员会。1999 年，在欧洲人权委员的干预下，法庭决定让两人在 2001 年获得假释。在服刑期间，罗伯特和乔恩接受了系统教育，还通过了高中课程考试。

2010 年 4 月 19 日，乔恩获释前在监狱的生活被英国《每日邮报》曝光。乔恩的监狱环境十分豪华，他的牢房里有宽屏电视、视频游戏、吉他、音响系统，还有个人健身房。对于为什么要给乔恩提供如此好的生活条件，监狱管理者表示，他们这么做是出于人道考虑，因为乔恩在入狱后出现了心理问题，并一度导致身体健康的恶化，为了防止乔恩出现自杀行为，于是就给乔恩安排了这套设施。

罗伯特在服刑期间比乔恩更好地利用了监狱的环境，他从未抱怨过，但当提到詹姆士案件时，罗伯特出现了创伤后应激障碍的症状。在 16 岁时，罗伯特遇到了一个同在少管所服刑的女孩，两人很快成了恋人。

罗伯特和乔恩在服刑期间，偶尔会在监管者的带领下走出监狱，去湖边、购物中心或影院获得短暂的自由，乔恩甚至还去看了场曼联球赛。

2001 年，罗伯特和乔恩在领取了新的身份证、出生证、护照及其他身份证明后重新融入社会，此外他们还有权向警方申请人身保护。为了防止媒体揭露两人的信息，英国还专门出台了一项新法令，为此引来了许多媒体的强烈抗议。不过按照规定，两人也不得回到案发地，还要断绝彼此和与詹姆士家人的来往。

詹姆士是丹尼斯唯一的儿子，在詹姆士出生前，丹尼斯曾有过一次流产的经历。因此丹尼斯十分疼爱和珍惜詹姆士这个儿子，而且詹姆士长得非常可爱，有一双大大的蓝眼睛，还有一头柔顺的棕色头发，看起来就像一个洋娃娃。尽管詹姆士已经逝去多年，但丹尼斯一直无法忘记杀死儿子的两个凶手，当她得知罗伯特和乔恩获得假释，以全新的身份活在英国的某个地方后，就开始想方设法查询两人的下落。

一天，丹尼斯收到了一封匿名信，在信中匿名者交代了罗伯特的确切住址。他经常与罗伯特接触，还告诉丹尼斯，罗伯特会经常在哪里出现。

按照信中的指示，丹尼斯来到一条街上等待罗伯特的出现。此时的罗伯特已经是个 21 岁的成年人，与丹尼斯最后一次见到的样子完全不同，但丹尼斯还是一眼认出了罗伯特，她甚至想冲上去大声质问他为什么要杀死那么可爱的詹姆士。但丹尼斯只是紧紧地盯着罗伯特，直到罗伯特在路口转弯后消失。在一次采访中，丹尼斯表示："我本以为自己再见到他们，可能会选择原谅。但当我看到罗伯特那双邪恶的眼睛后，我发现自己还是那么恨他。或许我一辈子都不会原谅这两个杀人凶手！"

罗伯特在获得假释后，很好地融入社会中，但乔恩却多次因斗殴和携带可卡因被警方传唤。2010 年 2 月，假释官接到乔恩的报告，乔恩说他的身份已经泄露，正面临着严重的生命威胁。于是假释官立刻给乔恩安排新的住处，但假释官却意外发现乔恩的电脑中存有大量的儿童色情资料。乔恩在网上伪装成一个35岁的恋童癖母亲，然后从网上下载并传播儿童色情资料。2010年7月23日，乔恩因传播儿童色情资料被判处两年监禁。在乔恩再次入狱后，詹姆士的案件再一次被媒体广泛报道。

在罗伯特和乔恩被捕时，警方出于对少年犯的保护，刻意隐瞒了两人的姓名，只将他们称为"男孩A"和"男孩B"。但在人们的抗议下，主审法官只能同意将二人的姓名公开。罗伯特和乔恩的家人由于受不了周围人的怒火，从当地搬走。罗伯特和乔恩的家庭背景也被媒体曝光。

罗伯特出生于一个"老欺少、大欺小"的大家庭，他经常遭受父亲、母亲和5个哥哥的殴打。罗伯特的父亲有家庭暴力倾向，经常殴打妻子和孩子，后来还抛弃了他们母子。罗伯特的母亲有酗酒的毛病，喝醉了酒也会殴打孩子。在这样糟糕的家庭环境影响下，罗伯特养成了冷漠无情的性格，他的几个兄弟中有一个经常偷窃，有一个是纵火犯。

在学校里，罗伯特几乎没有朋友，他的性格内向而害羞，不爱说话。但罗伯特却很喜欢欺负低年级的同学。后来，乔恩转学到了罗伯特的班上。罗伯特很快就和乔恩成了好朋友，两人经常一起逃学、做坏事，去欺负低年级的学生。老师注意到这两个经常惹事的孩子，于是就将他们分到了不同的班级。但老师的这种做法并未产生效果，两人还经常在一起做坏事。

罗伯特有一些乔恩很不喜欢的爱好，例如收集洋娃娃，乔恩觉得洋娃娃只有女孩子才喜欢。罗伯特特别喜欢会唱歌和说话的洋娃娃，而詹姆士则长得很像洋娃娃。警方怀疑，詹姆士直肠内的电池或许可以说明罗伯特将詹姆士当成了一个洋娃娃，只要装上电池就可以唱歌跳舞。在审讯过程中，罗伯特一直表现得很消极，对警察不理不睬，但当看到心理专家带来的木偶时，罗伯特立刻变得活跃起来，在拿着木偶演示作案过程时也显得兴致很高。

乔恩出生于一个破裂的家庭，他的父母几次离婚又复合。乔恩有两个哥哥和一个妹妹，由于家族遗传抑郁症史，家里的孩子要么容易神经质、歇斯底里，要么智力发育缓慢，乔恩兄妹几个经常因此受到邻居孩子的欺负。随着年龄的增长，乔恩变得越来越神经质，经常会因为烦躁不安而与人打架，后来因为打架被迫转学。老师们对乔恩的印象很深，因为他经常在上课时出现一些怪异的举动，例如发出怪声响，或者用剪刀剪自己的衣服，一下课就喜欢大喊大叫。乔恩的父亲很喜欢租碟拿回家看，以暴力电影为主，乔恩也很喜欢暴力题材的电影，经常和父亲坐在客厅观看。

在 1993 年 2 月 12 日这天，罗伯特和乔恩在逃学时相遇。他们先是在购物中心搞破坏和偷东西，然后又去麦当劳胡闹，在踩脏了所有凳子后，惹恼了店员。被轰出麦当劳后，两人觉得百无聊赖，忽然想到找一个小孩作乐。于是两人开始在购物中心寻找年龄比他们小的孩子，并用糖果引诱。起初两人成功引诱的孩子并不是詹姆士，而是另一个孩子，当孩子的母亲结完账后发现自己的孩子不见了，接着就看到乔恩和罗伯特领着自己的孩子往门外走，于是她立刻冲过去将孩子抱走。失败的两人只能继续回到购物中心寻找目标，然后他们盯上了詹姆士。

【破坏性倾向】

罗伯特和乔恩在学校里几乎没什么朋友，但他们两个人却是好朋友。对于只有 10 岁的孩子来说，他们虽然无法区分谁好谁坏，但会有意识地和与自己相似的人交朋友。绝大多数的孩子都会避免和罗伯特、乔恩这样到处惹麻烦的孩子成为朋友，当然像罗伯特和乔恩这样有犯罪倾向的孩子也无法与正常孩子玩到一起，因为他们的爱好完全不同。

除了上学外，孩子们有大量的闲散时间可供自己支配。许多孩子都会结伴外出游玩，或到街上四处闲逛，例如去商场。对于正常孩子来说，去商场就是闲逛而已，在闲逛过程中和朋友们聊聊学校最近发生的事情。但对于罗伯特和乔恩而言，闲逛则意味着给他人制造麻烦，例如他们会将麦当劳的凳子一个个都踩脏。

在拐走和杀死詹姆士之前，罗伯特和乔恩就已经出现了犯罪行为，他们会趁着售货员繁忙的时候，偷走糖果、电池、颜料、钢笔、铅笔、洋娃娃、水果等，然后将偷来的赃物带到电梯口进行分赃，其中大部分偷来的东西都被他们扔在了电梯口。对于两人来说，偷东西并不是为了得到某样东西，而是为了寻求刺激。由于两人屡次侥幸逃脱，所以他们变得越来越大胆，开始寻求更刺激的事情。他们的犯罪行为也从偷窃变成了更严重的杀人。

在罗伯特和乔恩被捕后，他们将出主意拐走一个小孩的责任都推到对方身上。不论是谁先提出的这个主意，但都得到了对方的赞同和认可，他们有一个共同的想法，即拐走和虐待一个小孩是个刺激、可行的计划，于是他们立刻开始付诸实际行动。

具有破坏性倾向的孩子从小就会给周围的人带来麻烦，例如偷父母的钱，或到商店偷窃。如果这些犯罪行为能及时被发现，并得以矫正，那么这个孩子就可能会走上正轨。但如果他侥幸逃脱了，那么他的犯罪行为会变得越来越大胆，所犯的罪行也会越来越严重。

Criminal Psychology

徘徊在机场的连环杀手——

约翰·马丁

1995 年 3 月 10 日，新加坡的一名码头工人在工作的时候发现了一些疑似人体的残肢。在之后的 3 天内，码头工人又相继发现了一些人体残肢，其中最完整的残肢是一双小腿，被黑色垃圾塑胶袋包裹着。

法医在检查了这些人体残肢后得出一个结论，死者是一名年轻的白人男性，拥有中等体型，而且健康状况良好。此外，法医还发现这些人体残肢被切割得十分整齐，切口显得非常利落、专业，法医怀疑凶手很可能是一名外科医生、兽医，也可能从事屠宰工作。

在新加坡，常住的人口以亚洲人居多。既然死者是一个白种人，那么他很可能并不在新加坡居住，只是来新加坡旅游。这样一来，警方想要确认死者的身份就变得困难多了。后来，警方在调查失踪旅客的时候，发现了一份寻人的传真。

失踪者名叫劳尔，来自南非，在一家啤酒厂担任机械工程师，时年 33 岁。劳尔在 3 月 8 日乘坐飞机来到新加坡，他来新加坡除了旅行外，还想购买一些电脑、相机之类的电器，因为新加坡的电器要比南非便宜很多。

本来，劳尔是打算和妻子一起到新加坡度假的。但劳尔的妻子开了一家宠物店，工作很忙，于是劳尔就独自一人乘坐飞机来到了新加坡。按照劳尔的计划，在新加坡游玩 3 天后，就打算回家。但当劳尔下了飞机后不久，就与家人失去了联系。三四天后，劳尔的家人越来越担心他的情况，于是就向新加坡发来了寻人传真。

为了验证死者是否是劳尔，新加坡的警方进行了 DNA 鉴定。鉴定结果显示，死者正是劳尔。不久之后，警方在新加坡附近海域打捞上来一些人体躯干和大腿等残肢，DNA 鉴定显示这些残肢都属于劳尔。只是警方一直没有找到劳尔的头颅和手臂。法医在对这些残肢进行检查的时候，并未发现致命的伤痕，因此推断致命伤应该在头部。

在之后的调查中，警方发现劳尔曾与一个名叫西蒙·詹姆斯的英国男子入住了濠景大酒店，他们入住的房间号是 1511。据前台反映，劳尔和詹姆斯在酒店入住了 1 天之后，詹姆斯就退掉了房间。詹姆斯在退房的时候还说，劳尔是个同性恋，在晚上对他性骚扰，他一气之下就赶走了劳尔。

警方本想从 1511 房间里搜集一些线索，但房间已经被酒店清洁人员清洁了许多次，而且一对度蜜月的夫妇还在该房间住了好几天。果然，警方发现房间里的许多线索都被清洗掉了，警方只在房间的隐蔽处发现了一些微小的喷溅状血迹。

警方为了得到詹姆斯更多的信息，就去英国大使馆了解情况。英国大使馆的工作人员告诉警方，几天前一个名叫约翰·马丁的人曾来过大使馆报失护照。警方还从一些旅行公司那里了解到，马丁也曾报失过旅行支票。警方还了解到，在劳尔被害后，马丁在新加坡到处吃喝玩乐，还购买了电脑和相机，去酒吧狂欢，看音乐剧。显然，马丁用了劳尔随身携带的现金和信用卡。

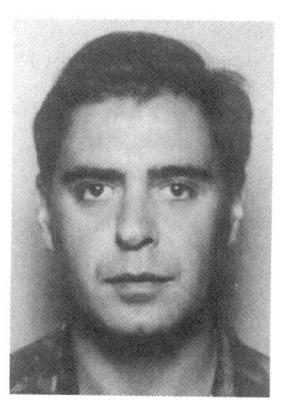

这时，警方推测凶手的真实姓名是约翰·马丁，而詹姆斯是他在入住酒店登记时使用的假名。于是，警方立刻发布了通缉令。但马丁此时已经离开了新加坡。为了不打草惊蛇，新加坡的警方对此案进行了消息封锁，这样可以让马丁误认为自己所犯的命案还未暴露。

1995年3月19日，再次来到新加坡的马丁刚下飞机就被警方在机场逮捕。警方在马丁的随身行李中找到了作案工具：手铐、绳索、分尸用的瑞士军刀、电击器、锤子和斧头。最关键的是，警方还找到了死者劳尔的各种随身物品。刚被抓捕的马丁情绪一度失控，甚至出现了自杀行为，不过被警方制止了。

在马丁被捕的当天，泰国旅游城市布吉公开了一起性质恶劣的凶杀案，两名死者是母子的关系。一名市民在公园遛狗的时候，发现爱犬不停地在一块空地上刨着，然后刨出了两颗人头，于是该市民立刻报了警。

由于泰国天气炎热，这两颗人头已经腐烂，无法辨认出模样。最后警方通过DNA确定了两人的身份——茜拉和她的儿子达林。

茜拉与达林来自加拿大不列颠哥伦比亚省，于3月15日来泰国布吉旅游，在当天入住一家靠近海滩的四星级酒店。茜拉是名退休教师，已经守寡多年，与儿子达林相依为命。

新加坡的警方在马丁的随身行李中搜到了达林的护照。茜拉和达林被害的时候，马丁正好在泰国布吉，与被害人入住了同一家酒店，而且正好是对门。很显然，杀死茜拉和达林的也是马丁。

起初，马丁并不承认所犯罪行，但在证据面前，他只能老实交代作案经过。

1995年3月8日，马丁来到了新加坡。为了方便作案，他还购买了许多作案工具。之后，马丁就开始在机场寻找猎物，这时他看到了劳尔，就上前主动和劳尔搭讪，还谎称自己是个商人，从墨西哥来，想在新加坡做一些服装贸易生意。后来马丁主动提出和劳尔一起合坐出租车和合住酒店，他说这样可以节省许多钱。劳尔一听就同意了，他是个精打细算的人，也想节省一些旅行中不必要的开支，而且劳尔觉得马丁和自己一样都是说英语的白种人，这让他觉得很亲切。

在去往酒店的途中，马丁表现得很热情，不停地用聊天的方式套话。当马丁得知劳尔想在新加坡购买一些便宜的电脑和相机后，立刻说他已经来过新加坡许多次了，对这里很熟悉，可以带劳尔去一些价格便宜、质量好的电器商店。

当两人来到预订的酒店时，发现入住时间还没有到。于是马丁立刻提出带着劳尔去酒店附近转转，他们一起吃了早餐，还在商场逛了逛。到快中午的时候，马丁和劳尔才入住酒店房间。

此时的劳尔已经将马丁看成了自己的同伴，但马丁却趁着劳尔不注意，用电击器将劳尔击昏，然后用锤子狠狠地击打劳尔的头部，直到劳尔死亡。之后，马丁将尸体拖到了卫生间的浴缸里，一边清洗血迹，一边用瑞士军刀肢解尸体。40分钟后，劳尔的尸体被完全肢解，并装进了黑色垃圾袋里，这些黑色垃圾袋是劳尔打算购物时用的。将装着残肢的塑料袋放进衣柜后，马丁开始翻劳尔的旅行袋，拿走了信用卡和旅行支票以及一些现金。之后马丁开始在新加坡吃喝玩乐，直到将钱都花光。在此期间，他用旅行袋装着劳尔的残肢，换酒店时就随身携带着。

当装在旅行袋里的尸体开始腐烂发臭时，马丁就将尸体带到酒店附近的河边抛尸。将残肢都扔到河里后，马丁还将旅行袋拿了回来，但他发现旅行袋已经被尸体熏得很臭了，于是他就买了一支止汗剂来驱散臭味，但没什么用。

这时，马丁在酒店的衣柜里意外发现了自己丢失的护照和旅行支票，他本以为这些东西丢了，还曾到大使馆和旅游公司报失。有了护照，马丁就打算去趟泰国，寻找新的猎物。不过在此之前，马丁得去旅游公司取消报失。旅游公司的工作人员告诉马丁，报失已经上交了，不能随意取消，过几天才能处理。但此时马丁急切地想去泰国，于是他与工作人员发生了争执。为了泄愤，马丁在离开前故意将散发着恶臭的旅行袋扔在了旅游公司，之后他就坐飞机离开了新加坡。

来到泰国后，马丁像在新加坡一样，在机场寻找猎物。1995 年 3 月 15 日，马丁盯上了茜拉和达林，他觉得茜拉是个老年人，达林的左脚又打着石膏，方便下手。马丁主动上前与这对母子搭讪，表现得非常绅士。之后马丁故伎重演，提出一起搭出租车从而节省车费。茜拉和达林一听立刻同意了。

在去往酒店的路上，马丁与这对母子有说有笑，茜拉十分喜欢他。后来马丁与茜拉、达林入住了同一家酒店，而且将房间选在他们对面。

茜拉觉得和马丁很投缘，于是就邀请马丁共进晚餐，马丁没有同意，他说自己今天太累了，想好好休息一下，希望明天早上能一起吃早餐。茜拉表示理解，并同意了马丁的要求。

晚上，马丁偷偷溜出酒店，他到旅游区租了一辆电动车，还购买了许多大纸箱。马丁准备在第二天早上和茜拉一起吃早餐的时候动手将两人杀死，然后将他们的尸体肢解并放进纸箱里，用电动车运走。

3 月 16 日早上 8 点左右，马丁来到了茜拉的房间，他打算先将达林用电击器击昏。当他看到达林就坐在阳台上时，立刻朝着阳台走去，边走边说阳台的海景很漂亮。马丁一接近达林，就趁其不注意，将达林电昏了。

看到此景的茜拉恐惧地尖叫起来。马丁挟持了达林，对茜拉说，他只是为了钱，不会伤害他们，并命令茜拉到酒店大堂办理退房。茜拉很担心达林的安危，就乖乖按照马丁所说的去办理退房。

在此期间，马丁将达林杀死，并在门口等待茜拉。茜拉一进门，马丁就将她电昏并杀死。之后，马丁将两具尸体拖到了卫生间的浴缸里，开始用瑞士军刀肢解尸体。或许是有了上次的经验，马丁这次肢解两具尸体只用了50分钟。之后，马丁去酒店大堂办理了换房，将自己的房间换到了案发现场，他得分批抛尸，这需要足够的时间。在之后的几天内，马丁将装着残肢的纸箱放到电动车上，然后在布吉岛上到处抛尸。最后，马丁将茜拉和达林的头颅埋在了公园的一处空地上。

与之前作案的方式一样，马丁将两名被害人随身携带的物品和钱财据为己有，还伪造了信用卡签名。马丁本打算在布吉挥霍一番，但他发现布吉的娱乐场所很少，布吉只是一个旅游业兴旺的城市，商业并不发达。为了办理旅行支票，马丁决定返回新加坡，只是他并不知道新加坡的警方正在机场等候着他。

交代完案情后，马丁为了脱罪开始胡编乱造，他说自己杀死劳尔纯属自卫行为，劳尔是个同性恋，在晚上企图强暴他，他反抗期间误杀了劳尔。后来他就在新加坡遇到了一个英国黑社会头目，对方帮他肢解了劳尔的尸体。对于在泰国所犯的命案，马丁狡辩说，人不是他杀的，是黑社会将人杀死后，再栽赃给他。

不过，警方、陪审团和法官根本不相信马丁的说辞，一致认定马丁犯有谋杀罪，应该判处死刑。1996年4月19日，马丁被绞死。除了上述3名被害人外，警方还怀疑一起凶杀案是马丁所为，不过由于没有充分的证据，只好作罢。

　　1959年12月，马丁出生于英格兰一个普通家庭，有一个姐姐珍妮，他的父亲是个卡车司机。马丁出生后不久，就随父母一起搬到了伦敦。马丁从小与父亲的关系很密切，但在他10岁时，父亲去世了。

　　在学校里，马丁的学习成绩很糟糕。他在15岁时，因阅读障碍而退学。离开学校之后，马丁开始犯罪，不过此时他所犯的罪行以小偷小摸为主。除了犯罪之外，马丁的大部分时间都是在监狱中度过的。

　　20岁时，马丁迷上了旅行，并到墨西哥游玩。旅行期间，马丁认识了一名女子，两人很快相恋并结婚。婚后不久，妻子就发现马丁是个好吃懒做的人，而且还总会做些偷盗拐骗的事情。起初，妻子希望马丁能改好，但在多次努力失败后，妻子对马丁越来越失望，就与他离婚了。

　　或许是小偷小摸来钱太慢，马丁开始贩毒。终于，马丁因贩毒被捕。由于他贩毒数量较大，于是被判了7年监禁。入狱后不久，马丁企图越狱失败，刑期又被追加了6年。在之后的监狱生活中，马丁变得安分守己起来。狱警对马丁这个表现良好的犯人越来越有好感，于是就给他安排了一份厨师的工作。后来，监狱方考虑到马丁出狱后的生活问题，专门安排一个师傅教他屠宰技术。

　　马丁没用多长时间就掌握了屠宰技术。后来监狱方认为马丁表现不错，于是就将他视为低危险犯人，不再严格管控马丁的行动。对于马丁来说，这是一个千载难逢的越狱机会。

　　为了避免越狱后被抓回来，马丁决定越狱成功后离开英国去新加坡。为此马丁还专门伪造了出生证明和护照。1993年10月，马丁成功从监狱里逃了出来，他按照原定计划带着伪造的身份证明去了新加坡。马丁利用在监狱里所掌握的屠宰技术，开始杀人碎尸。

【 重新犯罪的人格异常者 】

从马丁的个人经历中可以看出，他经常因犯罪而入狱，在犯罪与入狱之间往返循环。起初，马丁所犯罪行主要是小偷小摸，然后渐渐发展成诈骗、贩毒，直到后来因杀人碎尸被绞死。与其他连环杀手不同，马丁杀人纯粹是为了钱财，不是为了性，也不是为了杀人所带来的快感。马丁每次杀人碎尸后，不仅会拿走被害人的信用卡、现金等值钱的东西，甚至连被害人的衣服、护肤品、随身的各种物品都会据为己有，连装过被害人发臭尸块的旅行袋也会继续使用。

为什么有的罪犯会屡教不改，变成再犯呢？通常情况下，人格异常者重新犯罪的概率要高于普通人，他们的犯罪倾向根深蒂固，不论采用何种阻止和矫正方式，都无法避免人格异常者成为再犯。

人格异常者从八九岁起到青春期乃至成年期，都会出现行为紊乱和明显的反社会行为。研究发现，与普通罪犯相比，人格异常的罪犯更容易出现越狱行为，例如马丁就曾两次越狱，而且能从第一次越狱失败中总结经验教训。此外，人格异常的罪犯即使获得了假释或者刑满释放，他再次犯罪的可能性也要远远高于普通罪犯。马丁在因贩毒入狱后，监狱方安排他学习了屠宰技术，监狱方的本意是希望马丁在出狱后以杀猪宰羊为生，但马丁却将自己掌握的技术用来杀人碎尸。

人格异常的罪犯之所以会重新犯罪，与他的动机和思维密切相关。守规矩、遵守法律，对于人格异常的罪犯来说是一件十分困难的事情。每当他处于自由状态时，就会忍不住去触犯法律。

马丁从来不会将法律放在眼中，他屡次挑战法律，也屡次因犯罪入狱。每当马丁因触犯法律受到惩罚，他都会总结经验教训，以避免再被抓住。最终马丁因杀人碎尸被绞死，如果他侥幸逃脱了这次的法律制裁，可以预见马丁会让自己的反侦查技巧变得更加完善，警方将更难抓住他。总之，想要改变人格异常的罪犯是一件十分困难的事情，甚至可以说几乎不可能实现。不过也有研究者认为，有的人格异常罪犯可以通过治疗得以矫正。

Criminal Psychology

将儿子培养成犯罪工具——

桑特·基姆斯

1998 年 2 月，洛杉矶的大卫·卡兹丁失踪了，他的女儿立刻报了警。3 月，大卫的尸体在洛杉矶机场的垃圾桶里被人发现。大卫的后脑勺有弹孔，显然是被人从后面一枪爆头。根据子弹的线索，警方查到了一个名叫斯坦·帕特森的枪贩子，他居住在拉斯维加斯。美国联邦调查局介入此案后，从斯坦那里了解到，斯坦曾将枪卖给了一对母子，女的名叫桑特·基姆斯，男的名叫肯尼·基姆斯。

大卫的女儿告诉 FBI，桑特和肯尼的嫌疑很大，在大卫失踪前，大卫发现有人冒用自己的签名将他在洛杉矶的房子做抵押，申请了一笔 20 万美金的贷款。后来大卫发现冒用他签名的是老朋友桑特，于是打算找桑特理论，之后就再也没了消息。

但桑特和肯尼此时已经离开了洛杉矶，FBI 只能一边派人监控斯坦，一边追查桑特、肯尼的下落。1998 年 6 月，桑特母子主动和斯坦取得了联系，桑特想让斯坦帮忙打理一栋豪宅。这栋豪宅位于纽约，在一个名叫艾琳·西尔弗曼的 82 岁富婆的名下。不过桑特声称，艾琳已经将她的豪宅卖给了自己，艾琳则去欧洲度假了。此外，桑特还出示了一份房屋买卖的文件，不过这份文件是伪造的。

在斯坦与桑特母子见面的时候，FBI 立刻将桑特和肯尼逮捕。桑特表现得很镇定，她告诉 FBI 自己只是个无辜的普通女人。但肯尼却很恐惧，甚至还吓得尿湿了裤子。后来，FBI 在搜查桑特租来的汽车时，发现了空枪套、手铐、备用车牌、注射器、对讲机等可疑物品。最关键的是，FBI 在车上发现了一个笔记本，里面写着杀死富婆艾琳，并侵吞她财产的计划。显然，桑特与肯尼不仅涉嫌杀死了大卫，艾琳的失踪也与他们密切相关。

桑特母子在杀死大卫后，担心事情败露，就离开了洛杉矶。来到纽约后不久，桑特母子就盯上艾琳这个独居的富婆，桑特觉得对付艾琳很容易，最关键的是艾琳独自一人居住，突然失踪了也不会引人注意。

艾琳曾是纽约无线电城音乐厅的舞者，用积蓄在曼哈顿中心地带购买了一座六层高的豪宅，里面有 10 间公寓套房，对外出租，每个房间的月租金是 6000 美金。

6 月，肯尼在母亲的授意下用假名租了一间房，之后桑特母子就住进了这间房，睡在一张床上。美国独立纪念日过后，桑特找了个理由将艾琳骗到房间，趁艾琳不备用电枪袭击了艾琳，艾琳当场被电晕。之后肯尼用双手掐死了艾琳。然后，桑特母子就将艾琳的尸体包裹在事先准备好的浴帘中，还用胶带缠绕了好几圈，并将尸体塞进了一个袋子里。最后桑特母子将尸体抬到一辆车上，开车将尸体丢在新泽西州霍博肯市的一个垃圾桶里。于是，艾琳就失踪了，即使在桑特母子被捕后，艾琳的尸体也没有被找到。

在纽约被捕后，桑特一直声称自己是无辜的，是警方和 FBI 在诬陷她。媒体得知该案的消息后，立刻赶往曼哈顿看守所采访被拘留的桑特和肯尼。在电视节目采访中，桑特伪装成一个受害者，她表示自己只是一个可怜的寡妇，媒体对他们母子的报道完全不是事实，他们只是一对十分普通的母子，绝对不可能去杀人。

在之后的审讯中，桑特拒不认罪。不过肯尼很快就招供了，在肯尼所交代的案件中，除了大卫和艾琳外，还有一个被害人，他是一个银行家，名叫赛义德，1994 年溺水而死。

　　肯尼的父亲肯尼斯·基姆斯是个富商，是桑特的第3任丈夫。肯尼斯在世时，桑特与肯尼从来不缺钱，但在1994年3月，肯尼斯突然因主动脉瘤去世。按照肯尼斯生前的遗嘱，他的所有财产由前妻的两个孩子继承，桑特和肯尼则没有继承权。后来，桑特突然想到肯尼斯在巴哈马有银行账户，而且金额高达几百万美元。为了弄到这笔钱，桑特和肯尼伪造了文件。赛义德在审核桑特的文件时发现了许多问题，于是就上门找桑特了解情况。

　　在看到赛义德后，桑特立刻起了杀心，她装作友好热情的样子，留赛义德在家里吃饭。在用餐期间，桑特偷偷往一杯鸡尾酒里放进了安眠药，然后劝赛义德喝下。之后赛义德就昏睡了过去，桑特和肯尼将赛义德摁到了装满水的浴缸里，直到赛义德死去。当时桑特所住酒店靠近海滩，桑特就让肯尼将赛义德的尸体扔到了海里。后来巴哈马的警方发现了赛义德的尸体，以为赛义德是溺水而亡，就没有展开调查。

　　这次犯罪失败后，桑特带着儿子离开巴哈马，来到了洛杉矶，又重新制订了一个诈骗计划，利用伪造的文件将老朋友大卫的房子抵押并获得了20万美元。后来大卫找上了桑特，并让桑特交出钱，不然就送桑特去坐牢，于是桑特就让肯尼杀死了大卫。肯尼在射杀大卫并抛尸后十分高兴，觉得完成了母亲所交代的任务，还专门到花店买了一个大花篮表示庆祝。

被捕后，桑特和肯尼因谋杀艾琳被起诉。在法庭上，桑特一直在扮演可怜寡妇的角色，甚至大喊着自己是无辜的。最终经过了3个月的庭审，陪审团一致认定桑特和肯尼犯有谋杀罪，判处125年监禁。

2000年10月，肯尼在接受采访的时候，突然挟持了女记者玛丽亚·佐恩，他用圆珠笔抵住玛丽亚的脖子，提出要求，不要送桑特去洛杉矶受审，因为洛杉矶有死刑，他不想母亲被处死。很快，谈判人员赶到了现场，在谈判人员的劝说下，肯尼放走了玛丽亚。

2002年，桑特和肯尼因谋杀大卫被起诉。与艾琳被害案不同，警方手中有许多证据，还找到了大卫的尸体。为了让桑特和肯尼主动认罪，控方与他们达成了一项协议，他们主动认罪就可以免于死刑，最终二人被判处终身监禁，并被送往加州的监狱服刑。2014年，桑特在监狱里去世。

1934年7月24日，桑特出生于俄克拉荷马城。据桑特所说，她的母亲玛丽有爱尔兰和荷兰血统，父亲拉坦则是个印度移民，在家中4个孩子中，桑特排行第三。在桑特很小的时候，拉坦就抛弃了妻子和孩子。玛丽则沦为站街女。出于职业的原因，玛丽没有时间和精力去照顾4个孩子，于是就将孩子一个个送走了，有的送给了孤儿院，有的送给了寄养家庭。

桑特从小就长得很漂亮，母亲很喜欢她，因此一直不舍得将她送人。12岁时，桑特被迫离开母亲，到内华达州卡森城的一个寄养家庭生活。这对桑特来说是一个很大的打击，为此她十分憎恨母亲。

在上高中时，桑特染上了偷窃的毛病，被抓到过许多次。后来玛丽去找桑特，希望女儿能回到自己身边。桑特十分憎恨母亲当初抛弃她，所以愤怒地拒绝了母亲。1952年高中毕业后不久，桑特就结婚了，结婚对象是她的高中男友。但这段婚姻只维持了3个月就结束了。很快，桑特开始了第二段婚姻，嫁给了一个高中同学爱德华·沃克，并生下了一个儿子——肯特·沃克。

婚后不久，爱德华就发现妻子桑特是个对金钱有着令人难以理解的欲望的女人，会为了钱去诈骗、偷窃，甚至和爱德华的生意伙伴发展婚外情。有一次，桑特为了诈取保险金，还纵火烧了房子。1957年，爱德华决定不再忍受桑特，就离婚了。

离婚后，桑特就一直想找一个有钱的男人。1961年，桑特从杂志上看到了有关肯尼斯的报道。肯尼斯非常富有，在内华达、加利福尼亚、夏威夷、巴哈马都有房子，她立刻决定将这个富商勾引到手。

与肯尼斯结婚后，桑特终于过上了富裕的生活。但桑特似乎并不满足，开始怂恿肯尼斯去诈骗，从而得到更多的钱，肯尼斯没有反对。有一次，桑特假扮成女演员伊丽莎白·泰勒，还成功进入了白宫，与各种政界名流打交道、合照，包括总统尼克松的妻子帕特丽夏。后来，肯尼斯终于因诈骗被起诉，他花了许多钱请律师，才避免入狱。

作为桑特的儿子，肯特虽然也曾帮母亲做些坏事，例如去偷窃，但随着年龄的增长，他渐渐意识到这是在犯罪，而且他很厌恶这种生活，于是在有了经济能力后，肯特就离开了桑特，搬到朋友家居住，他与母亲桑特之间的关系也越来越紧张。当桑特意识到肯特不再愿意被自己控制时，十分生气，她觉得肯特背叛了她，是个不孝子。她认为自己给了肯特母爱以及优越的生活，肯特就应该对她唯命是从。

1966年，桑特生下了第二个儿子肯尼。这一次，桑特吸取了肯特的教训，决定要好好培养肯尼，每天都向肯尼灌输金钱是上帝的观念，并将肯尼培养成自己的犯罪工具。

肯特在得知桑特为他生了个弟弟后，一直很担心肯尼。肯特知道母亲是个控制欲极强的人，她一定会致力于控制肯尼，并让肯尼帮她做坏事。那么肯尼长大后一定会像母亲一样频繁犯罪，无法成为一个正常人。

在桑特去世后，肯特还写了一本书，并取名为《骗子之子》。在书中，肯特透露说，桑特是个说谎成性的女人，伪造身份是她的专长，甚至连出身也是假的。肯特还提到，他曾试图帮助弟弟肯尼脱离母亲的控制，却以失败告终，眼睁睁地看着肯尼成了一个罪犯。

肯尼7岁时，桑特就不让他去上学了，而是给他请了一个家庭教师。桑特这么做是为了更好地控制肯尼，以免肯尼成为肯特一样的"不孝子"。在桑特的控制下，肯尼只能与父母接触，即使是家庭教师也不能和肯尼单独相处。虽然肯尼年龄渐长，桑特依旧以对待小男孩的方式来教育肯尼，与肯尼同吃同睡，甚至一起洗澡。于是肯尼从一个活泼可爱的小男孩成长为一个傲慢危险的成年男子。与肯特不同，肯尼对母亲十分依赖和信任，对桑特唯命是从，因此桑特对这个小儿子十分满意。

作为一个富商的太太，桑特几乎不用为钱发愁，于是她开始寻找新的乐子，渐渐喜欢上了虐待、折磨用人。在雇用人时，桑特一般会找非法移民，以高价钱雇他们，然后她会用各种方式虐待用人。由于这些用人是非法移民，没有合法的身份，担心会被遣返，所以不敢报警，于是他们通常会默默忍受。后来，桑特还让肯尼和她一起虐待用人。

1985年，桑特虐待用人的行为终于曝光了，她和肯尼因此被起诉。桑特被判了4年，肯尼虽然被判了5年，但在律师的帮助下和检方达成了一个交易，只要他能去参加一个戒酒治疗项目，就可以免去牢狱之灾。

在桑特服刑的 4 年内，肯尼和父亲生活在一起，过上了正常人的生活，没有出现过犯罪行为。1989 年，桑特出狱了，肯尼又重新被母亲所掌控。1994 年，肯尼斯去世之后，桑特意识到自己失去了长期饭票，为了避免沦为穷人，桑特决定寻找有钱人，然后杀死他，将他的财产据为己有。

【无法遵守社会规范】

可能是童年时期没有体会过关爱以及安全感的缺失，导致桑特成了一个精神病态者，没有同理心和共情能力。对于一个拥有正常情感能力的母亲来说，势必会努力给孩子营造一个好的成长环境，从而让孩子有一个快乐、幸福的未来。但桑特却根本不关心自己儿子的未来，她想要的只是一个犯罪工具，一个只要她需要，就可以帮她行骗、杀人的工具。于是肯尼在桑特的完全控制下长大，成了一个像桑特一样的怪物。

对于桑特来说，她不具备爱的能力，只会掠夺，她是个非常强势且控制欲极强的人，采取各种方式利用和操纵身边的人，达到自己的目的，为了她自己，她什么事情都做得出来，而且不会产生任何负罪感。总之，像桑特这样的精神病态者是一个根本没有爱的人，当然她也不需要爱。

爱是一种十分重要的情感能力，如果一个人没有爱人和接受爱的能力，那么他就无法与他人建立真实的关系，也无法体验情感，从而丧失道德感，变得没有负罪感和良知。甚至可以说，如果一个人没有爱的能力，那么他就不会有良知，也就不可能去遵守社会规范。

对于每个正常的人来说，遵守社会规范不仅仅是为了避免被惩罚，也是为了避免遭受良知的谴责。在内疚感的作用下，一个人不会主动去做伤害他人的事情，会考虑他人的感受，因为内疚感是一种自我谴责，是一种非常痛苦的情感体验。但对于桑特这样的精神病态者来说，她不会内疚和自责，她无法遵守社会规范，所以她可以冷酷无情地将自己的儿子培养成犯罪工具，可以屡次诈骗、偷窃，甚至为了钱去杀人。

桑特长得很漂亮，就像个电影明星，而且具有一种特殊的魅力，能轻易吸引住所有人的目光。据认识桑特的人反映，只要桑特出现在某个场合中，没有人不会被她迷住。或许正因为如此，桑特才轻易勾引上了富商肯尼斯。桑特十分重视打扮，每次她都会戴着黑色假发、漂亮的珠宝出现在人们面前。但这只是桑特所制造的迷人面具，她只是将自己的美貌和魅力当成了一种俘获猎物的工具。在肯尼斯去世后，桑特已经60岁了，没有了美丽的外貌，不再具备勾引富商的资本，于是就想出了杀死有钱人，占据被害人财产的办法。

精神病态者虽然没有爱的能力，却会伪装，例如桑特会伪装成一个贤惠的妻子，也会扮演好慈爱母亲的角色。对于一个正常人来说，表达和流露爱意是一件自然而然的事情，例如每个母亲都会关心自己的孩子，这是为人母天性的自然流露。但对于桑特来说，她需要进行观察、模仿和练习，然后才能表现出如何关爱他人。想要做到这些其实并不困难，只要通过观察人类行为，就可以表现出贤惠、慈爱的样子，但想要体会这些行为背后的情感，对于精神病态者来说简直难如登天。例如在桑特心里，丈夫就是一张长期饭票，而她则通过性和美貌来利用和控制丈夫，凡是和她上过床的男人，都会拜倒在她的石榴裙下，但桑特却根本无法真正地去爱自己的丈夫，甚至连爱儿子都无法做到。

精神病态者从来不会在乎他人，当别人疏远或离开他的时候，他不会难过，更不会想念，只会惋惜自己失去了一个有用的工具。在肯特离开桑特后，桑特就觉得自己失去了一个任凭她差遣的工具，于是她下定决心要好好培养第二个儿子肯尼，完全掌控肯尼的生活，不让他和外界产生接触。

Criminal Psychology

创下韩国最高杀人记录——

柳永哲

2003 年 9 月 24 日，韩国汉城（现为首尔）江南区新寺洞住宅区发生了一起凶杀案，被害人是一对夫妻，其中男性是淑明女子大学的名誉教授。尸检结果显示，两名被害人生前遭受了多次殴打，而且极有可能是被钝器活活打死。警方并未在案发现场发现财物丢失的现象。

2003 年 10 月 9 日，钟路区旧基洞的一栋独立住宅中发生了一起惨案，除了男主人 61 岁的高某，其他家庭成员包括高某的母亲姜某（85 岁）、夫人李某（60 岁）和儿子（35 岁）都被凶手杀害。

一周后，在江南区三成洞区居住的柳某（69 岁）在家中被人用铁锤杀死。

2003 年 11 月 18 日，钟路区惠化洞的一处独立住宅中的 87 岁的金某被人杀害，他的女钟点工 53 岁的裴某也被杀害。这一次，监控拍下了一个可疑的男人，他通过排水管进入被害人家中。

这些被害人都有一个共同的特点：生活富裕，例如被杀死的柳某的丈夫崔某就在一家军需企业担任总经理，而且居住在独立的住宅中。此外，除了高某的儿子外，其他被害人的年龄较大，显然凶手专找老年人下手，而且会趁着老年人单独在家的时候实施犯罪，这样更容易得手，说明凶手是个非常谨慎的人。由于被害人多为生活富裕的老年人，警方将作案动机定为入室劫财。

这一系列密集发生的凶杀案在汉城引起了巨大的轰动，就在警方担心凶手会再次下手的时候，命案在 11 月下旬突然中断了。警方推测，公开的嫌疑人画面让凶手提高了警惕，不敢再轻易下手。

2004 年 2 月，汉城的临近城市仁川发生了一起命案，居住在南洞区的 47

岁的郑某被人杀害，而且他的客货两用车也被凶手点燃。凶手这么做或许是为了烧掉所留下的犯罪痕迹。

从 2004 年 3 月起，汉城冠岳区新林洞一家按摩院有两名按摩女郎相继失踪，引起了按摩院老板的注意。这两名按摩女郎都是在接到同一男子的电话后失踪的，因此当按摩院再次接到该男子的电话时，老板立刻报了警。

当该男子来到约定的地方等待的时候，埋伏的警察立刻将该男子逮捕。男子名叫柳永哲，自称是一名连环杀手，还说自己有家族癫痫病史。后来，柳永哲假装癫痫发作轻易逃走。柳永哲准备去仁川，但在准备上车时被警方逮捕。

据柳永哲交代，他曾因盗窃罪入狱，出狱后生活变得更加困难，于是对富人们产生了十分强烈的恨意。当他看到居住在高档社区的居民过着美好的生活时，内心很愤怒，就潜入一栋住宅中，杀死了一对夫妻。那是他第一次杀人，他觉得很满足，于是很快就再次行动。

柳永哲在作案时十分谨慎，选择的目标以富裕的老年人为主，而且被害人都居住在独立的住宅中，离路边很远，这样他在杀人的时候就不会被发现。杀人之后，柳永哲还会小心翼翼地毁掉证据，例如如果他的手出血了，为了不被检测到 DNA，就会放火烧掉案发现场。有时，柳永哲会故意留下一些痕迹，误导警方的调查方向，例如故意在金库门上留下撬过的痕迹，让警方误以为凶手的作案动机是为了钱财，实际上柳永哲杀人只是为了获得心理上的满足感。

按摩院失踪的两名按摩女郎也是被柳永哲杀死的。柳永哲会伪装成客人给按摩院打电话，然后和按摩女郎约定在街上见面。见面后，柳永哲会出示伪造的警察证和手铐。假警察的证件是柳永哲凭借纯熟的画技绘制出来的，再利用家中的电脑进行了一番加工。他所携带的手铐是他从南大门市场买来的。此外，柳永哲还准备了一些杀人工具，例如刀、电锯、红色铁锤和剪刀等。

柳永哲将按摩女郎骗回家后就用钝器杀死，然后将尸体肢解成 15 ～ 18 块，并进行打包。最后，他会乘坐出租车将肢解的尸体丢掉。

柳永哲在处理尸体时十分小心谨慎，他所选择的藏尸地点在汉城北部古刹奉元寺的后山上，非常隐蔽。而且柳永哲还十分注重毁掉自己留下的证据，例如为了清除被害人手腕上手铐的痕迹，他会将被害人的双手剁下来烧毁，还会在掩埋好尸体后将装尸体的黑色塑料袋拿回来，因为他担心上面会留下自己的指纹。

在肢解尸体时，为了避免引起邻居的怀疑，柳永哲会将浴室水龙头开到最大，用水流声遮掩肢解尸体的声音。在柳永哲的罪行曝光后，他的邻居在接受采访时表示，深夜时分会听到从柳永哲家中传出隐隐约约的惨叫声，浴室里也会传出重物倒地的声音。不过当时邻居以为是柳永哲在看电视。

2004 年 7 月 18 日，警方押着柳永哲来到汉城北部古刹奉元寺的后山上，以寻找那些被他杀害的按摩女郎的尸

体。柳永哲在大批警察的押送下来到了山上的某处，然后指着一个地方漫不经心地对警察们说："就是这里。"警方立刻将此地用黄色警戒带封锁，并做了标记。然后柳永哲继续带着警察寻找埋藏尸体的地方，警察所做的标记也越来越多，整个区域差不多都被黄色警戒带封锁了。警察们开始意识到，柳永哲不仅杀死了那两名失踪的按摩女郎，应该

有更多的被害人。

后来警方开始了挖掘工作，但警方没有挖出一具完整的尸体，只是找到一块块散落的残骸，上面还有柳永哲留下的编号。最终警方在这座山上挖出了11个被害人的尸体，这些被害人都是按摩女郎。不过警方推测，柳永哲杀死的人应该不止这些，他也因此成了韩国历史上杀人数量最多的连环杀手。

1971 年，柳永哲出生于汉城一个贫困的家庭，有两个哥哥和一个姐姐。柳家有家族遗传的癫痫病，柳永哲的父亲就饱受癫痫病的折磨，最后因无钱医治而痛苦离世。柳永哲的哥哥也饱受癫痫病的折磨，并在 1994 年去世。这让柳永哲备受打击，他似乎看到了自己未来的命运，并将这一切都归结到贫困上。他觉得如果有钱，自己的人生就会变得不一样，父亲、哥哥不会因癫痫病去世，自己也能接受良好的教育。因此，柳永哲从小就十分向往富裕的生活。随着年龄的增长，他对富人越来越憎恨。

由于家境贫困且无人管教，柳永哲从小就是一个问题少年，他不仅性格孤僻，而且频繁出入少管所，从 12 岁起，就不断因盗窃、打架、抢劫触犯法律。成年后，柳永哲开始频繁出入监狱。

20 岁时，柳永哲与一名黄姓按摩女郎结婚，婚后妻子为他生下了一个儿子。成家后，柳永哲开始试图做出改变，他希望能找到一份正当的工作来养家糊口。但柳永哲高中没有毕业，再加上前科累累，他只能继续偷窃、抢劫，这让他的妻子很失望。在 2002 年，柳永哲第 11 次入狱之时，黄某提出了离婚，她已经对柳永哲彻底死心，想要带着儿子远离他。这对柳永哲来说是个巨大的打击，他觉得自己被妻子抛弃了，而妻子抛弃他的原因一定是贫穷，这让柳永哲更加仇富，同时开始憎恨女人。

2003 年 9 月 11 日，柳永哲出狱了，他成了一个无家可归的人，妻子已经与他离婚，儿子不愿意认他这个经常吃牢饭的父亲。于是柳永哲决定开始报复富人，在出狱后的第 13 天，他杀死了一对夫妇，从此以后一发不可收拾。

11 月份，柳永哲突然停止了杀戮，因为他与一名金姓按摩女郎坠入了爱河，他想要开始一段新的生活。这段时间，柳永哲过得很幸福，会时不时地作诗绘画，写诗表达对母亲的思念，给女友画像。但金某在与柳永哲相处了一段时间后，得知柳永哲不仅有大量的犯罪前科，还有家族遗传癫痫病，这让她难以承受，于是当柳永哲向她求婚的时候，她以此为由拒绝了柳永哲。

难以承受打击的柳永哲重新化身为恶魔，决定找按摩女郎下手，因为他对婚姻和爱情的希望都葬送在了按摩女郎的手中。为此他还制订了详细、周密的杀人计划。本来，柳永哲打算杀死自己的前妻黄某，但考虑到儿子才 11 岁，就放弃了这个念头。

在柳永哲的人生中，有一个名叫郑斗英的连环杀手对他产生了重大影响。郑斗英是韩国于 1999 年出现的连环杀手，在短短的一年间杀死了 9 名妇女和儿童，在当时引起了巨大的轰动。柳永哲在得知郑斗英的事迹后，十分崇拜他，于是立志成为比郑斗英更厉害的连环杀手，成为韩国第一连环杀人魔。

被捕后，柳永哲在交代自己罪行的过程中告诉警方，他不仅肢解被害人的尸体，还将其中 4 个人的内脏取出来烤熟吃下，他说这么做是为了让自己更清醒。

在接受审判的时候，柳永哲显得十分平静，没有表现出任何悔恨的情绪，甚至还表示如果没有被抓住，他还会继续杀人。在经历了 5 个月的审讯后，柳永哲被判处了死刑。作为韩国的头号连环杀手，柳永哲的故事被翻拍成电影《追击者》。

【不可逆的犯罪心理】

对于大部分连环杀手来说，他们杀人是为了获得刺激、满足性欲或是从杀人中获得支配权。柳永哲在贫困的环境下长大，从小对金钱有着超乎寻常的渴望，但他杀人的目的显然与金钱无关，例如他在第一次杀人时并未拿走被害人家中值钱的东西，他只是在利用这种极端的手段来表达自己对富人的仇恨，因为他从小就一直生活在贫困和癫痫所带来的阴影中。第一次杀人后，柳永哲觉得异常满足，这是他从来都没有体会过的感受，之前他一直生活在无意义和充满挫败感的状态中，于是他开始频繁作案。

癫痫病也一直折磨着柳永哲，在 20 世纪 90 年代，他还曾被送到精神病院接受治疗，但显然这段治疗并未起到作用。对于柳永哲来说，他不仅没有钱，甚至连健康也没有。因此当柳永哲的哥哥因癫痫病去世后，柳永哲就开始对死亡充满了恐惧，他担心自己会像父亲、哥哥一样在癫痫病的折磨下死去，这让他对自己的人生更加失望。

与一些连环杀手不同，柳永哲并非道德白痴，他有正常的情感能力。例如柳永哲会突然中断杀戮，因为他与金某成了恋人，他很享受恋爱带来的美好感觉，而且会写诗怀念自己的母亲。对于道德白痴的连环杀手来说，他们根本不会有这样的情感。但当金某拒绝了柳永哲的求婚后，柳永哲陷入暴怒，开始了极端的报复。对于柳永哲来说，杀戮更像是在逃避现实生活所带来的挫败感，他没有正常的夫妻、子女关系，前妻和金某都抛弃了他，这让他的自尊心受到了伤害。

与许多连环杀手一样，柳永哲的童年过得十分痛苦，他早早地就开始犯罪，多次因盗窃、抢劫入狱。这让柳永哲长期与社会脱节，于是形成了反社会人格，除了犯罪外，柳永哲已经无法适应正常的社会生活。

　　与道德白痴的连环杀手不同，柳永哲的犯罪倾向是后天形成的。道德白痴的连环杀手从童年时期就会出现许多异常行为，即使成长于一个正常家庭，也不会使他变成一个正常人。但柳永哲却是在 12 岁之后，频繁出现盗窃、抢劫等犯罪行为，因为家境贫困，父亲早早过世，柳永哲不得不过早地到社会上讨生活。从那以后，柳永哲的人生就与犯罪挂钩了，在长达 20 年的犯罪生活中，他的犯罪心理渐渐地趋于稳定，最终形成了不可逆性。

　　从柳永哲的犯罪经历中可以看出，他最初的犯罪行为较轻微，是迫于生存而为。当柳永哲的犯罪手法越来越娴熟、犯罪行为越来越频繁的时候，他的人格中已经被添入了犯罪元素，而且他从早期的为了生存盗窃、抢劫，渐渐发展到只要缺钱就去盗窃和抢劫，最终他从犯罪行为中获得乐趣。每当柳永哲在生活中遇到困难的时候，他最先想到的就是犯罪。例如柳永哲在 2003 年 9 月 11 日出狱后，发现自己变成了无家可归的人。面对这种失败透顶的人生困境，柳永哲不会像正常人一样去想办法改变，比如先找一份可以安身立命的工作，他只想去犯罪。后来柳永哲遇到了按摩女郎金某，他开始过起了正常人的生活。但当金某拒绝了柳永哲的求婚后，柳永哲重新跌入被抛弃的困境，他所能想到的就是杀死按摩女郎，以此报复前妻、金某对自己的抛弃。

　　一旦犯罪人格趋于稳定了，即达到了不可逆的地步，那么他会从一个拥有正常情感的人变成一个无是非、无羞耻感的人，直至变得冷漠、麻木，最后成为一个毫无人性的杀人狂魔。柳永哲在带着警方寻找被害人的尸体时，显得十分冷静，全程都面无表情，让随从的警察心惊胆战。

　　此外，一些电影对柳永哲也产生了很大的影响，例如警方在柳永哲的住所发现了 3 部电影：《公敌》《犯罪人生》和《最糟的事》，这些电影都是犯罪题材的影片，柳永哲从中学到了许多反侦查技巧，例如肢解尸体。

Criminal Psychology

到豪华酒店去杀人——

颂吉·蓬普旺

2005 年 1 月 30 日上午 9 点左右，泰国莫拉限警察局接到一个报警电话。普洛伊宫酒店的服务员在打扫 609 号房间时，在卫生间的浴缸里发现了一具全身赤裸的尸体。警官派罗・泰普查立刻带着一些警察赶到了酒店。

死者是一名女性，面部朝下死在浴缸里，她的脖子上有十分明显的淤青，泰普查认为死者是在被凶手掐死后绑起来并扔到了浴缸里。警方在搜查房间的时候，找到了几根头发和一些指纹。尸检结果显示，被害人的体内有精液，但并未遭受强奸。当警方将案发现场发现的头发、指纹和精液输入犯罪数据库后发现，没有能与之相匹配的数据。

死者的身份很快得到了确认，她名叫瓦卢尼・宾巴布，25 岁，在一家酒吧当驻唱歌手。瓦卢尼来自一个贫困的家庭，有 5 个兄弟姐妹，全家的生活全靠她一人的经济收入。为了养活家人和自己，瓦卢尼除了唱歌外，偶尔也会卖淫。

据瓦卢尼的同事和朋友反映，在瓦卢尼遇害的那天晚上，她曾想将自己的摩托车送给弟弟妹妹，因为他们每天都得步行 5 千米去上学。瓦卢尼还提到她要去陪一个客人，那个客人来自曼谷，是个歌手经纪人，他很看好瓦卢尼的潜力，想要将她培养成一个当红歌手。瓦卢尼非常动心，她觉得这是一个难得一见的翻身机会。但之后瓦卢尼再也没有出现在酒吧里。

普洛伊宫酒店的入住记录显示，609 房间的登记人是个名叫颂吉・蓬普旺的男子，在午夜时分带着瓦卢尼来到了酒店。第二天清晨，蓬普旺来到前台将房间退掉。到了 9 点左右，服务员进入 609 房间打扫，然后就看到了瓦卢尼的尸体。

警方还了解到，这个名叫蓬普旺的男子并非经纪人，他自称是一家摄制公司的职员，正负责一部纪录片的拍摄，拍摄内容主要与莫拉限历史和旅游业有关。后来警方在调查的时候发现，这家公司根本不存在。而且酒店也没有监控录像，警方只能从颂吉·蓬普旺这个名字入手调查。

在泰国，颂吉·蓬普旺是个十分普通的名字，有许多人都叫这个名字。为了缩小调查范围，警方让酒店员工仔细回忆了蓬普旺的相貌和口音，最后将嫌疑人锁定在 30 岁到 45 岁之间，而且认为他很可能来自泰国南部。于是警方着重调查了 5 个名叫颂吉·蓬普旺的人，但案件依旧毫无进展。

一个半月后，泰普查参加了一个在泰国东北部召开的侦查技术研讨会。会上，泰普查提到了瓦卢尼被害案。一个名叫查德·良桑广的警察在听到颂吉·蓬普旺这个名字的时候突然觉得很熟悉。于是良桑广就向泰普查仔细了解了瓦卢尼被害案。回到曼谷后，良桑广开始查阅卷宗档案。7 天后，良桑广查到了颂吉·蓬普旺因作伪证被捕的档案文件，档案中有蓬普旺被关进监狱时的照片和手写字迹样稿。

由于当时泰国各地警察局只能负责所管辖地区的案件，所以良桑广便将蓬普旺的照片和手写字迹样稿发给莫拉限警方。莫拉限警方将照片和字迹作为重要线索展开了调查，希望能将这些资料与犯罪嫌疑人匹配起来。但莫拉限警方努力了两三个月，结果还是一无所获。

就在这时，泰普查在看报纸的时候，得知距离莫拉限 700 千米外的泰国南邦出现了与瓦卢尼被害案十分相似的一起命案。被害人是一名 34 岁的女按摩师，名叫蓬潘·舒普寨，死在了酒店的房间里，同样是被凶手掐死，而且手机和戒指都不见了，瓦卢尼死后她的手机和摩托车也不见了。据酒店工作人员反映，与蓬潘一起入住酒店的是个男人，入住登记的名字是褚查·金镐。

泰普查立刻与南邦的警方取得了联系，告知当地警方莫拉限也发生了一起相似的命案，他认为凶手极有可能是同一个人，并和南邦警方分享了所掌握的线索。泰普查希望他们能与南邦的警察合作抓捕凶手，但在当时这是一件十分困难的事情，因为不同地方的警察很少进行合作，除了曼谷的泰国国家警察总署征剿局外，泰国其他地方的警方没有核心的管理机构。

不久，泰国国家警察总署征剿局收到了乌隆他尼警察局发来的一起凶杀案犯罪嫌疑人的监控录像。在乌隆他尼的一家豪华酒店里发生了一起凶杀案，被害人名叫蓬塔万·庞克布，是一名 37 岁的女按摩师。在遇害之前，蓬塔万与一名男子入住酒店。凶手将蓬塔万掐死后，拿走了她的手机和首饰。与之前两起凶杀案不同，这家酒店里安装了监控摄像头。

泰国国家警察总署征剿局在观看了这段摄像后，认出男子就是颂吉·蓬普旺。局长维奈·通松意识到这三起凶杀案可能都是蓬普旺一人所为，为了尽快将蓬普旺这个连环杀手抓捕归案，通松立刻成立了专案组，并且让发生凶杀案的三地警察局相互分享案件线索。

专案组在研究了这三起凶杀案后发现，蓬普旺是个十分擅长行骗的连环杀手，例如他会在入住酒店的时候使用假名或虚假地址。通过和蓬普旺打过交道的良桑广的回忆，蓬普旺是个没有固定收入的流浪汉，以他的经济条件根本住不起豪华酒店。显然，蓬普旺是在将被害人杀死后，抢走了被害人的财物。被害人之所以会轻易和蓬普旺来到酒店房间，是因为蓬普旺十分擅长伪装，他会伪装成一个有钱的魅力男人，从而诱使女按摩师或女歌手进入他的死亡陷阱。

就在专案组搜集案件线索时，新的凶杀案又出现了，这次的命案发生在距离曼谷 270 千米的呵叻。被害人是一名女按摩师，名叫颂蓬·平彭皮罗，她的尸体在一家汽车旅馆内被人发现，与之前的被害人一样，颂蓬随身携带的财物也不见了。

很快第 5 起凶杀案在曼谷以南 1000 千米的董里发生了。被害人是 39 岁的女按摩师帕扎里·阿玛塔尼朗，被害前一天曾和蓬普旺一起入住了案发的豪华酒店，蓬普旺登记所用的是假名那荣·尼奈。与之前的被害人一样，帕扎里的手机和钱都被蓬普旺拿走了。至此，蓬普旺在短短的 5 个月内已经杀死了 5 名女性，而后 4 名女性都是在三周内被杀害的。

为了避免悲剧的再次发生，专案组在全国发布了对蓬普旺的通缉令，还提醒酒店、酒吧和按摩店的工作人员提高警惕。就在专案组苦心寻找蓬普旺的下落时，蓬普旺突然使用了第 4 名被害人的手机卡。根据这条线索，警方找到了猜也蓬的一名女子和孔敬的一位老人。这张手机卡的通信记录显示，蓬普旺曾和这两个人通过电话，而且专案组还发现这两个人是父女关系。专案组由此推测，蓬普旺与这两个人的关系一定非比寻常，于是专案组派了一些人去两地蹲守。

猜也蓬距离曼谷 340 千米，而与蓬普旺关系密切的女子是位中年女子，名叫凯欣万·皮安查亚蓬，她的丈夫已经去世很多年了，她独自一人带着儿子讨生活，平常以开车为生。除了开车外，凯欣万还会利用闲暇时间在家糊纸盒，为家里增加一点收入。

2003 年的一天，凯欣万到寺庙附近拉活，当时蓬普旺正好在附近下棋，后来他乘坐了凯欣万的车，两人因此认识。之后凯欣万一直与蓬普旺保持着联系。

在凯欣万看来，蓬普旺是个不错的男人，看起来彬彬有礼，十分绅士，还很关心她，而且会时不时地送给她一些首饰、手机之类的礼物。不过，蓬普旺似乎是个大忙人，经常在好几个地方辗转，很少和凯欣万在一起，通常许多天甚至几个月才会来凯欣万家一次。对此，蓬普旺的解释是，他的工作得经常出差，没有那么多时间在一个地方安稳地居住下来。

在瓦卢尼被害后不久，蓬普旺送给了凯欣万一辆摩托车。蓬普旺告诉凯欣万，这辆摩托车是他从一个朋友那里买的。凯欣万十分开心，于是就带蓬普旺去孔敬看望自己的父亲，并将蓬普旺介绍给了自己的父亲。

作为一名曾与蓬普旺打过交道的警察，良桑广也加入了专案组，他在得知蓬普旺与凯欣万有联系后产生了一种十分强烈的直觉，他觉得蓬普旺一定和凯欣万在一起，或者会去找凯欣万，于是他向上级申请到猜也蓬去逮捕蓬普旺。

2005 年 6 月 29 日，良桑广和一些警察来到了凯欣万家附近。当警方拿着蓬普旺的照片询问凯欣万的邻居时，邻居告诉警方，蓬普旺正是凯欣万的男朋友，而且就住在凯欣万家。于是警方将警车停在路边后，悄悄将凯欣万的家包围了。良桑广敲了敲凯欣万的家门，开门的是凯欣万。

当 3 名武装警察冲入凯欣万的家时，发现蓬普旺正躺在床上看电视，而电视里正在播放一则新闻，是泰国最近多地发生的凶杀案。当蓬普旺看到警察后，没有一点逃跑的意思，静静地等着警察将自己抓走。而凯欣万则十分震惊和恐惧。警方还在凯欣万的家里发现了被害人的首饰和手机。

警方从凯欣万那里了解到，蓬普旺每隔一段时间都会在她那里居住一段时间，最长的一次住了两三个月。蓬普旺每次回来时，都会送给她一些首饰或一部手机。在 6 月 29 日这天，凯欣万和蓬普旺吃过晚饭后就靠在床上看电视，当时电视上正播放一起连环凶杀案的新闻，还有嫌疑人的照片。凯欣万发现嫌疑人和蓬普旺长得很相像，于是就开玩笑说："这个凶手和你长得好像啊！"谁知，蓬普旺却十分生气。就在这时，凯欣万听到了敲门声，于是警察冲了进来。凯欣万一直不知道蓬普旺——这个她准备托付后半生的男人居然是个连环杀手。

6月29日晚上，通松局长在一个新闻发布会上公开表示，连环凶杀案的凶手蓬普旺已经被警方抓获。此外，警方还向媒体展示了大量的物证，例如6张电话卡、一个钱包、一张酒店房门卡和一叠火车票、一些首饰和手机。这些物品都是从凯欣万的住所搜来的。

被捕的蓬普旺被送到泰国国家警察总署征剿局接受讯问。审讯过程中，蓬普旺承认了4起凶杀案，但否认杀死了董里的帕扎里·阿玛塔尼朗。在通松局长看来，蓬普旺之所以不愿意承认杀死了帕扎里·阿玛塔尼朗，是因为他自己就来自董里。之后，蓬普旺接受了心理评估，不过评估的结果并未公开。

最终，法院认定蓬普旺4项谋杀罪名成立，应被判处死刑。不过由于蓬普旺主动认罪并配合警方工作，最终被判终身监禁。

蓬普旺在5岁时失去了母亲，与父亲生活在一起。由于蓬普旺总爱惹是生非，他的父亲不愿意继续抚养他，于是就将他扔给了叔叔抚养。随着年龄的增长，蓬普旺变得越来越难以管束，甚至因偷窃被学校开除。

离开学校后，蓬普旺变得更加任性妄为，在犯罪的道路上越走越远，屡次犯下诈骗罪和偷窃罪。16岁时，蓬普旺不愿意再被叔叔管教，于是就离家出走。从那以后，蓬普旺再也没和叔叔见过面，也从不和叔叔联系。

在之后的20年内，蓬普旺成了社会上的流浪人员，到处借钱、诈骗，也多次因诈骗、偷窃、贩毒被警方逮捕。蓬普旺没有稳定的职业，他无法长时间做一份工作。后来，蓬普旺开始作伪证赚钱。

在犯下杀人案之前，蓬普旺曾因作伪证被捕入狱。在刚刚开始接受审讯的时候，蓬普旺表现得十分配合，和审讯警察之间的交流进行得十分顺畅。当审讯进行了一半的时候，蓬普旺突然向警方提出了一个奇怪的要求，他要警察去红灯区给他找一名妓女。面对这个奇怪且无礼的要求，警察直接拒绝了。后来，蓬普旺因作伪证被判入狱 6 个月。

【无法忍受工作的罪犯】

　　每个人在步入社会后都需要一份工作，因为我们需要一份工作安身立命。在找工作的时候，每一个人都会选择和接受一份与自己能力相匹配的工作。但对于像蓬普旺这样的罪犯来说，工作意味着无聊和受奴役，因此他宁愿通过诈骗、盗窃和贩毒等手段获得财物，也不愿意去找一份稳定的工作。

　　每个人都希望能找到一份自己喜爱的工作，能充分享受工作带给自己的乐趣。但很多人发现，这个愿望往往会受到各种因素的限制而无法实现，例如许多人都饱受枯燥工作的折磨。但对于一个正常人来说，他会选择忍耐，努力完成上级所交代的任务，从而获得薪酬。通过自己付出的时间和努力，得到自己应得的回报，这是所有正常人的想法，但蓬普旺不会这样想。对于蓬普旺来说，他不愿意付出努力，也不愿意忍耐，他想跳过痛苦的过程，直接去享受成果。于是蓬普旺一直在流浪，没有一份稳定的工作，通过诈骗、盗窃等犯罪行为来获得金钱。

　　与许多连环杀手一样，蓬普旺很早就开始犯罪，而且屡次因犯罪被捕入狱。表面上看起来，蓬普旺是不知悔改。实际上，蓬普旺有一个膨胀的自我，他对自我能力的认知决定了他如何看待工作。与许多罪犯一样，蓬普旺也渴望能有一份高薪工作，能轻易得到丰厚的薪资和成功。

　　现实情况却是，蓬普旺不具备相应的工作能力。对于一个想要获得高薪资的人来说，他首先得接受过良好的教育，然后拥有工作经验。这些条件蓬普旺都不具备。这就决定了蓬普旺的处境与他所期望的目标严重不符，而在他看来，自己根本不应该做这样辛苦而无聊的工作，于是蓬普旺选择通过犯罪来获得经济收入，后来他发现犯罪可以让自己生活得很好。对于像蓬普旺这样没有稳定经济收入的人来说，入住豪华酒店是根本不可能的，但他可以通过杀人劫财来实现，还可以拿着从被害人那里劫来的首饰、手机去讨好自己的女朋友凯欣万。

Criminal Psychology

第一次杀人就像初恋般难忘——

亚历山大·皮丘希金

2005 年 10 月 15 日，俄罗斯莫斯科的警方接到报警，有人在比茨维斯基公园发现了一具尸体，死者是一名年迈的男子，头部遭受重击而亡。11 月份，比茨维斯基公园再次出现一具年迈男子的尸体，从那以后，比茨维斯基公园陆续出现了一具又一具尸体。

比茨维斯基公园是莫斯科的一座森林公园，这里有大片野生森林，距离市中心并不远，许多莫斯科人都喜欢在节假日到比茨维斯基公园野餐、钓鱼、散步。但对于许多犯罪分子来说，比茨维斯基公园却是最佳的犯罪场所，有密林的掩护，犯罪分子可以肆意抢劫或杀人。

陆续发生的凶杀案在当地引起了恐慌，人们将凶手称为"比茨维斯基疯子"。警方公开透露，这名连环杀手专门寻找年龄在 50 岁到 70 岁的男子下手，他会以邀请被害人喝酒为由将被害人引到公园内，然后趁对方转过身不注意的时候，从背后袭击被害人，例如用一根铁棒猛击被害人头部。由于被害人随身携带的钱或证件都完好无损地放在衣服口袋里，因此警方认为这名连环杀手的目的只是杀人，但警方无法确定这名连环杀手是男还是女。

为了尽快将比茨维斯基疯子抓捕归案，莫斯科警方出动了数百名警察，在比茨维斯基公园进行巡逻和地毯式搜索，希望能发现可疑分子，同时寻找未被发现的被害人尸体。

2006 年 2 月 20 日，一名警察在公园巡逻时被一名男子袭击，这名警察认定该男子就是比茨维斯基连环杀手，于是赶紧叫人来增援。警方迅速赶到现场，将这名男子逮捕，并对外宣称他们已经抓到了凶手。但之后公园内接连发生的两起凶杀案告诉警方，他们抓错人了，这名男子并非比茨维斯基连环杀手。

2006 年 6 月 13 日，警方接到一起失踪案，报案者说，他的母亲玛丽娜·莫斯卡尔约娃失踪了。第二天，警方在比茨维斯基公园的一条小溪旁发现了玛丽娜的尸体，尸体的衣服口袋里有一张地铁票，上面有玛丽娜乘坐地铁的时间。

玛丽娜的儿子告诉警方，母亲在离家前留下了一张纸条，上面写着她要和在超市一起工作的同事亚历山大·皮丘希金一起外出散步，她还留下了皮丘希金的电话号码。后来，警方在调取地铁监控录像时，发现皮丘希金的确和玛丽娜在一起，因此警方认定皮丘希金具有重大作案嫌疑。

6 月 16 日，警方在消防车警报声的掩盖下出现在皮丘希金居住的公寓附近，警方这么做是为了不惊动皮丘希金。在大批警察悄悄包围皮丘希金的住所时，突击队员正身系绳索悄悄从楼顶下滑到皮丘希金公寓的窗口，以防止他跳窗自杀。

随后，几名警察上楼，以查看火情为由敲开了皮丘希金住所的房门，开门的是个老妇人，她是皮丘希金的母亲。许多警察一拥而入，在卧室发现了皮丘希金，当时他正在睡觉。被叫醒的皮丘希金看到警察后，既不吃惊也不反抗，只说了一句："你们应该是来找我的。"

警方在搜查皮丘希金的住所时，发现了疑似作案工具的锤子，还有一张国际象棋棋盘，棋盘的方格里摆放着棋子、瓶盖和硬币之类的东西。在俄罗斯，国际象棋十分常见，许多俄罗斯人都有下国际象棋的爱好。但皮丘希金往棋盘里摆放的东西却让警方觉得很奇怪，而且警方还发现了一张手绘的国际象棋棋盘草图，其中 63 个格子内都标着不同的日期。皮丘希金的卧室里还有一份简报，上面刊登着俄罗斯历史上第一个连环杀手安德烈·奇卡提罗的新闻。

在审讯初期，皮丘希金并不承认自己杀死了玛丽娜，当警方给他看地铁的监控录像后，皮丘希金承认他就是杀死玛丽娜的凶手，他还说自己就是警方一直在寻找的比茨维斯基连环杀手。

随后，皮丘希金向警方供认，他在决定杀死玛丽娜之前经过了一番激烈的思想斗争，因为他知道玛丽娜给她儿子留了一张纸条，上面还有自己的电话号码，他考虑过，如果杀死玛丽娜，那么警察一定会查到他。但皮丘希金还是决定杀掉玛丽娜，皮丘希金深知这是一次很冒险的行为，当时他已经处于想要杀人的狂热情绪之下，顾不了那么多。

皮丘希金告诉警方，他一共杀死了 63 个人，每杀死 1 个人，他就会在国际象棋棋盘上的一个方格里摆放一样东西，将所有的方格摆满后，他的目标就实现了。如果他再杀死一个人，那么就可以实现这个目标，就能超过自己的偶像安德烈·奇卡提罗。

在皮丘希金的带领下，警方找到了一些被害人的尸骨，在对所有尸骨进行 DNA 检测后，警方可以确定皮丘希金一共杀死了 49 个人。皮丘希金在将被害人杀死后，有的尸体会留在案发现场，有的尸体则被他扔到了污水井中。比茨维斯基公园的下水道管线十分复杂且排水量巨大，即使没有被皮丘希金杀死，被扔进污水井的被害人也极有可能会被瞬间淹没致死。在巨大的水流量下，被害人的尸体会被水流冲得无影无踪，这导致有些被害人的尸体警方根本无法找到。

2006 年 9 月 13 日，莫斯科一家法庭开始审理皮丘希金的案件。这次，法庭采取了陪审团定罪的方式，还向公众公开整个审理过程，这在俄罗斯的刑事审判中十分罕见。而皮丘希金这个连环杀手在被几名警察押送到法庭上后，就被关在了一个防弹玻璃制成的笼子里，以防止被害人家属攻击和报复

皮丘希金。

皮丘希金的杀人事实已经无从争辩，这次审判的主要目的是确认到底有多少人被皮丘希金杀害。警方只找到了 49 具被害人的尸体，而皮丘希金却坚称他杀死了 63 个人。警方除了提供大量的物证外，还找到了一名幸存者，她出席了这次审判，当着皮丘希金的面指认他。

这名幸存者叫玛利亚·巴里切娃，2002 年 2 月 23 日，19 岁的她差点儿被皮丘希金杀死。当时玛利亚刚从外地来莫斯科不久，她怀着 4 个月的身孕，生活十分拮据。23 日这天，玛利亚在和男朋友大吵了一架后，就离家出走了，她在莫斯科南郊的卡霍夫斯卡亚地铁站附近遇到了皮丘希金，这个地铁站是酒鬼们常常聚集在一起的场所。

当皮丘希金得知玛利亚和男朋友吵架后，就开始安慰她，还热情地邀请玛利亚去喝一杯，他说自己在树林里藏了一些走私过来的好东西，想让玛利亚看看。玛利亚看了看这个衣着整洁的男子，稍微犹豫了一会儿，就跟着他走了。

途中，皮丘希金对玛利亚说，他在比茨维斯基公园的树林里藏了一些照相机，都是他在黑市上购买的，只是数量太大，希望玛利亚能帮他将照相机都搬出去，到时候他会给玛利亚一些照相机作为报酬，玛利亚可以拿去卖。玛利亚一听立刻心动起来，她十分需要一笔钱来改善目前拮据的生活，于是就跟着皮丘希金来到了公园的偏僻处。

　　玛利亚没想到这个外表看起来无害的男人，突然抓起她的头发，狠狠地打她。玛利亚害怕极了，一直不停地尖叫。玛利亚的尖叫声让皮丘希金有些慌神儿，他在胡乱打了玛利亚几下后，就把她扔进了一个水井里，这个水井下面连接着一个下水道。与其他被害人不同，玛利亚的头部并未受伤，这或许是玛利亚成功逃生的原因。玛利亚并没有马上掉下去，她死死地抓住井沿。皮丘希金看到后，立刻开始用力殴打她，最后玛利亚松开手，掉了下去。当时玛利亚是主动掉下去的，因为黑暗水井所带来的恐惧远不及皮丘希金，她担心皮丘希金会杀了她。

　　那口污水井有 6 米深，玛利亚掉下去之后，立刻受到了湍急水流的冲击，她接连呛了好几次水后，才发现自己身上厚厚的棉衣浸满了水，变得沉甸甸的，于是她就脱掉了棉衣。在水里挣扎了差不多一个小时后，玛利亚抓住了一根金属棒。当她发现这是一架梯子后欣喜若狂，她知道自己得救了。

　　玛利亚顺着梯子爬了上去，她看到了井盖后，开始用力往上顶，但她的力气差不多都消耗在湍急的水流里，根本无法顶开井盖，于是开始呼救。一些早起晨练的妇女听到呼救声后，将井盖挪到一旁，救出了玛利亚，此时的玛利亚已经在下水道里折腾了差不多一夜，她立刻被送到医院。

　　玛利亚恢复健康后，就去警察局报案，但警察根本不予理睬。从那以后，玛利亚就不再提及自己被皮丘希金扔下水井的事情了，她担心会遭到皮丘希金的报复，毕竟她对皮丘希金害怕极了。当有人问起时，玛利亚都谎称自己是不小心跌入水井的。

　　除了这次侥幸逃脱警察的抓捕外，皮丘希金还有一次被警察放走了。当大批警察在公园搜查比茨维斯基连环杀手时，皮丘希金被一名警察拦住。警察在看了皮丘希金的身份证后，就开始盘问一些和连环杀人案相关的问题。皮丘希金在回答问题的时候表现得很平静，没有一丝慌张，于是警察就让他走了。

当皮丘希金得知玛利亚是个幸存者后，立刻被激怒了，他在玻璃笼子里来回走来走去，还不停地朝着人群吐口水。皮丘希金一直以为自己接近了杀人目标，却没想到还有幸存者，玛利亚的存在对皮丘希金来说就是一个讽刺，让他感觉离自己的目标更远了。

2007 年 1 月 10 日，第二次审判开始了。皮丘希金为了超越安德烈·奇卡提罗，成为俄罗斯杀人最多的连环杀手，他一直在试图激怒检察官，希望检察官能相信他的确杀死了 60 人（除了 3 名幸存者）。但检察官根本不予理睬，皮丘希金所杀死的被害人名单上依旧是 49 个人。最终，皮丘希金被判处终身监禁，因为俄罗斯已在 1996 年废除了死刑。对于被害人家属来说，终身监禁对皮丘希金而言太宽容了，他应该被送上电椅。

在得知自己被判处终身监禁后，皮丘希金陈辞："我在法庭上所说的每一句话都是真实的。我只夺走了他们最宝贵的东西——生命。其余的贵重物品，金钱或珠宝，我都没有动，我根本不需要。我觉得自己就像神一样！我已经被囚禁了很长时间，在这段时间里，律师、专家和证人这一群人在决定我的命运，但我却独自一人决定了 63 个人的命运！对于他们来说，我就是法官、陪审员、检察官、行刑者。当我决定要杀死谁时，他就一定会死，我就是神！我没有犯法，因为我凌驾于法律之上！"随后，皮丘希金就被送往重刑犯监狱服刑，在那里他将会被单独关押。

1974 年 4 月 9 日，皮丘希金出生在莫斯科市科尔森斯卡雅街 2 号的 38 号公寓内。在 9 个月大时，皮丘希金的父母就离婚了，更确切地说是他的酒鬼父亲抛弃了他们母子二人，此后皮丘希金就与母亲生活在一起。

4 岁时，皮丘希金在荡秋千的时候，不小心从秋千上摔下来，秋千直接砸在了皮丘希金的头上，皮丘希金顿时满头是血。皮丘希金在医院接受了好几周的治疗才回家。这次意外事故导致皮丘希金的大脑严重受伤，尽管他看起来与正常人无异，但他的大脑内部却有严重损伤，而且再也无法恢复正常。渐渐地，母亲发现皮丘希金有些不对劲，就将他送到了问题儿童学校。

这所学校是寄宿制，皮丘希金得经常在学校待着，偶尔才能见到母亲。一个孩子被贴上问题儿童的标签，这是一件十分痛苦的事情，他经常会被其他孩子嘲笑和欺负。被同龄人排挤和嘲笑，对于每个人来说都是一件相当痛苦的事情，会给一个人的身心发展带来严重影响。

当祖父得知皮丘希金被送到问题儿童学校后，十分生气，他觉得自己的孙子是个很聪明的孩子，根本没问题，于是他做主将皮丘希金接了出来，并和自己住在一起。据皮丘希金的母亲反映，皮丘希金和祖父之间的感情很好。

与祖父在一起的日子是皮丘希金一生中最快乐的时光，他在祖父这里享受到了关心和温暖。皮丘希金很喜欢和祖父一起到附近的公园里玩耍，每次他都会玩得很愉快。

在祖父的影响下，皮丘希金爱上了象棋。和许多俄罗斯人一样，皮丘希金的祖父是个象棋爱好者，他经常带着皮丘希金下象棋。起初，皮丘希金只是看人下象棋。在了解了基本规则后，皮丘希金就开始学着下象棋。皮丘希金在象棋上很有天赋，他能轻易揣测出对手的心理，从而赢得胜利。

据57岁的邻居维拉回忆，皮丘希金是个安静而善良的人，根本不像一个连环杀手。但在36岁的基拉看来，居住在她隔壁的皮丘希金是个很怪异的孩子，虽然皮丘希金看起来很安静、友善，却非常擅长操控和利用他人。皮丘希金之所以喜欢下象棋，就是因为能从赢棋中感受到征服和控制他人的快乐。有时，皮丘希金也会受到坏孩子的欺负。有一次，皮丘希金被一群小流氓围住，在挨了一顿揍后，自行车还是被小流氓们抢走了。

14岁时，皮丘希金遭受了人生中的重大打击，他的祖父去世了。在参加完祖父的葬礼后，皮丘希金搬去和母亲居住在一起。但皮丘希金对母亲并没什么感情，在闲暇时间，皮丘希金总会带着自己的宠物狗到比茨维斯基公园中溜达。

与许多俄罗斯人一样，皮丘希金在下象棋时会喝酒。渐渐地，皮丘希金开始酗酒，每天都会喝下大量的伏特加，成了一名酒鬼。此时的皮丘希金也变得越来越容易被激怒。在离开学校后，皮丘希金越来越堕落，找不到工作的他还会到商店门口乞讨要钱。

皮丘希金杀死的第一个人是他的同学米哈伊尔，他亲手用一把锤子敲碎了米哈伊尔的脑袋。在杀死米哈伊尔之前，皮丘希金和他是朋友，两人有着相同的兴趣爱好，都喜欢研究安德烈·奇卡提罗的事迹，还会一起探讨如何杀死一个人，甚至还会探讨如何处理尸体，最后他们觉得将尸体扔到污水井中是最安全的办法。

有一天，皮丘希金找到米哈伊尔，他提出执行杀人计划。在遭到米哈伊尔的拒绝后，皮丘希金就决定杀死米哈伊尔。皮丘希金将米哈伊尔骗到公园偏僻处，趁其不备用锤子用力击打米哈伊尔的脑袋，米哈伊尔当即死亡。之后，皮丘希金就将米哈伊尔的尸体丢在了一个水泥深沟中。这个水沟很深，还非常隐蔽，下面直通下水道，湍急的水流能轻易冲走一具尸体。

在提到杀死米哈伊尔的经历时，皮丘希金不仅没有悔意，还忍不住赞叹道："第一次杀人就如同初恋一般令人难以忘怀。"

米哈伊尔失踪后，当地警方找过皮丘希金问话，当时他的双手上沾着米哈伊尔已经干涸的血迹。但警察却忽略了这一点，因为他们找皮丘希金的目的并不是把他当成犯罪嫌疑人审问，只是为了传达米哈伊尔的死讯，并表示慰问。

这个结果让皮丘希金对警察的看法发生改变，他开始觉得警察就是一群笨蛋。在之后的一系列杀人行为中，皮丘希金一直看不起警察，并故意和警察玩起猫鼠游戏，他觉得警察根本玩不过他。在被捕后，皮丘希金回忆起这段经历时说："那个时候，我看着自己手上已经干涸的血迹，心想，'我可以为所欲为地杀人了，警察永远也不会抓到我。'在接下来的 14 年内，我为所欲为地去杀人，警察的确一直没有抓住我。"

由于没有找到米哈伊尔的尸体，再加上当时俄罗斯正处于苏联解体的混乱时期，大部分警察对待工作的态度都十分消极，而且巨大的经济压力也让警方没有足够的资源去进行案件调查。于是米哈伊尔的失踪案就被当成悬案封存起来，直到皮丘希金主动交代了犯罪过程。

之后的 9 年内，皮丘希金都没有再作案，他像普通人一样生活，每天按时到超市上班，下班了就带着自己的宠物狗到公园去散步。一天，宠物狗死了，皮丘希金十分难过，为了宣泄这种压力和失落感，皮丘希金决定再次杀人。

2001 年，皮丘希金展开了一系列杀人行动，他还专门制订了一项杀人计划，将自己准备杀死的邻居熟人都罗列下来。为了接近被害人，皮丘希金开始主动用酒来和酒鬼、老人们交朋友，他会主动到被害人家里去。

起初，皮丘希金会向被害人讲述自己在宠物狗死后是多么难过，然后邀请被害人和自己去公园里看宠物狗的墓地。在墓地，皮丘希金会和被害人一起喝伏特加。等对方醉了，皮丘希金就会用锤子或酒瓶用力击打被害人的脑袋，直到对方死去。在那段时间内，宠物狗的墓地就是皮丘希金的杀人场所。

64 岁的克里莫夫是皮丘希金杀人名单上的第一个人。那天，皮丘希金去克里莫夫家中，当时克里莫夫的妻子正好外出。在皮丘希金的邀请下，克里莫夫跟着他来到爱犬的墓地。克里莫夫本以为在喝点酒后就可以回家，但他被皮丘希金杀死了，尸体被扔到了通往下水道的水沟里。

克里莫夫失踪后，他的妻子立刻报了警。但是克里莫夫的尸体一直无法找到，最终这起失踪案不了了之。之后的一年内，皮丘希金用这种手法相继杀死了 11 个人。皮丘希金很少会在夜晚杀人，他每次杀人后都会在晚上 8 点半之前赶回家，因为他最喜欢的肥皂剧就在这个时间点开始播放。

和皮丘希金住在一栋公寓的邻居们也注意到了几个邻居的接连失踪。在皮丘希金被捕后，一名邻居回忆说："当时我就注意到一名失踪者在离开家外出喝伏特加之后就失踪了。几天后，我听说又有一位邻居失踪了。现在回想起来，那段时间皮丘希金几乎每天都在杀人，好像将杀人当成了他的工作。"

居住在隔壁公寓的维克多在得知皮丘希金就是连环杀手后说："现在想起来还是心有余悸，皮丘希金虽然从不会参与到邻居们的聚会中，却总到别人家拜访，还会邀请人们和他一起去公园，附近街区几栋公寓失踪的人都是被他杀死的。"

如果说当初杀死米哈伊尔是带着好奇心，想知道杀人是一种什么感觉，那么现在皮丘希金已经将杀人当成了一项必不可少的生活内容。在皮丘希金被捕后，他表示如果不是被警察抓住了，将会继续杀人。

【偏执型的心理风格】

皮丘希金 4 岁时，大脑受过一次严重创伤。一般情况下，儿童的颅骨远没有成年人坚硬，其硬度只有成年人的八分之一，极易受到伤害。皮丘希金的大脑在被秋千这样的硬物撞击时，一定受到了十分严重的损伤，这或许是导致皮丘希金变得暴力、对自己行为失去规范力的原因所在。

调查研究显示，许多连环杀手在童年时期大脑都遭受过严重的创伤。有些人在头部受到严重创伤后，性格会发生巨大的变化，例如从一个性情温和的人变得极具攻击性、冷漠。有专家认为，连环杀手的大脑与正常人不同，不具备正常人所拥有的同情心和自控力。

皮丘希金的母亲在儿子被捕后提到，在皮丘希金4岁时大脑受过严重创伤，她觉得皮丘希金会成为一个连环杀手，是脑创伤引起的精神疾病所致。但俄罗斯著名的谢尔布斯基心理学研究所在对皮丘希金进行了精神鉴定后认为，这名连环杀手的神志非常清醒，没有任何精神疾病。

犯罪心理学家米哈伊尔·维诺格拉多夫在了解了皮丘希金的人生经历后，对他的杀人动机进行了分析。维诺格拉多夫认为，皮丘希金从小生活在一个缺乏关爱的环境中，他的父亲早早地抛弃了他和母亲，而母亲也从未给予过他关心，甚至还将皮丘希金送到寄宿制的问题儿童学校。正因为如此，皮丘希金在和祖父生活在一起后，十分珍惜这得之不易的关爱，将祖父看作是唯一可以依赖的亲人。但在皮丘希金14岁时，他的祖父过世了，这让他产生了一种"被抛弃"的感觉，他对祖父的依赖变成了憎恨，于是他开始专找和祖父年龄相仿的中老年男子下手。

维诺格拉多夫还认为，皮丘希金和所有的连环杀手一样，都能从杀人的过程中获得性快感。在皮丘希金和警方谈及谋杀过程的时候，他提到自己的确可以从谋杀中获得一种类似"持久性高潮"的快感。

皮丘希金的心理风格具有很强的偏执性，他在提到个人经历时说自己的人生充满了磨难。他在表达问题时总会强调自己的感受和理由，而从来不会站到对方的角度去考虑。例如皮丘希金从来不觉得自己的杀人行为是错误的、是在犯罪，他曾在法庭上嚣张地说："每次杀人都有一个理由，那就是我热爱生命。每当看到一条生命消失时，我就会更加热爱生命。"对于皮丘希金来说，他在结束一个人的生命时，其实就是在帮对方寻求解脱。这种偏执性的心理风格使得皮丘希金在被捕后，在认罪的同时一直强调"自己是对的"。他还总是强调自己是神，可以控制别人的生与死。在一次电视访问中，皮丘希金说："对于我来说，杀人就如同我的食物一般，不杀人我根本就活不下去。对于那些被害人来说，我就像他们的父亲一样，为他们打开了通往另一个世界的大门，我让他们获得了新生。"

偏执型的心理风格除了思维方式的片面性外，还有一个十分显著的特点，即自私，会为了自己的利益，毫无顾忌地牺牲他人。皮丘希金除了追求杀人所带来的快感外，还一直致力于在杀人数量上超过安德烈·奇卡提罗，他的目的就是让世人记住自己。为了实现这个目标，皮丘希金会毫无愧疚地取走一个又一个人的生命，在被捕后也总是强调自己让被害人获得了解脱。

Criminal Psychology

伤亡最为惨重的校园枪击案——

赵承熙

2007 年 4 月 16 日，位于美国弗吉尼亚州布拉克斯堡的弗吉尼亚理工大学发生了一起枪击案，导致 32 人死亡，这是美国历史上甚至是世界范围内单人作案死亡人数最多的枪击案，而制造这起枪击案的凶手是韩裔美国人赵承熙。

这天早上 7 点 15 分，赵承熙背上自己准备好的登山包，里面装着锁链、锁头、一把锤子、一把刀以及两支合法购买的半自动手枪和将近 400 发中空型子弹。赵承熙来到安布勒约翰斯顿西侧的宿舍楼，枪杀了一男一女后离开。由于当时绝大部分学生还在睡觉，所以没有人看到赵承熙开枪，倒是有不少学生听到了枪声。

等警方赶到案发现场后，就看到一男一女两具尸体躺在地上。女性死者名叫艾米丽，男性死者名叫克拉克。警方初步推断，这极有可能是一场情杀，于是准备开始调查艾米丽的男朋友。

枪杀了两个人后，赵承熙回到了自己的宿舍，他开始清除电子邮箱内的邮件，还拆除了电脑的硬盘驱动器。之后，赵承熙将一个装着文章和录像带的包裹拿去邮局邮寄，寄给了 NBC 新闻频道。早上 9 点 45 分，赵承熙回到弗吉尼亚理工大学，并进入工程系诺里斯教学楼，他先将楼内作为主要出入口的 3 扇大门锁好，并在每扇门前放了一张字条，上面写着"禁止进入，不然会引爆炸弹。"一名老师发现纸条后，立刻到教学楼的三层，将纸条交给了学校的行政管理人员。

接着，赵承熙企图打开两间教室的门，但门被里边的学生用东西堵住了，他根本打不开，于是只好放弃。之后，赵承熙打开了206教室的门，当时一名教授正在给学生们上课。赵承熙将教授射杀后，就开始对着学生们继续开枪，学生们惊慌地躲避子弹，而赵承熙则面无表情地不停开枪，在此期间一句话也没说。教室里一共有13名学生，赵承熙杀死了9个学生。

离开206教室后，赵承熙来到了204教室。利维乌·李布雷斯库教授正在给学生们上课，他是一名犹太人，是第二次世界大战犹太人大屠杀中的幸存者之一。李布雷斯库教授意识到不对劲儿后，立刻用身体抵住了教室门，并让学生们赶紧逃走。学生们迅速地打开窗户并拆掉窗纱，通过跳窗来逃生。赵承熙此时一直不停地朝着门开枪，李布雷斯库教授被门外射入的子弹击中，当场身亡，此时大部分学生已经从窗户逃了出去。剩下的未逃走的学生则遭到了赵承熙的射杀。

在赵承熙开始射击后的几分钟内，就有人报了警。接到报警电话的警方立刻赶到教学楼前，但教学楼的许多门都被锁上了。警方在强行将门打开后，迅速朝着枪击案发生的教室跑去。当警方找到赵承熙时，赵承熙已经自杀身亡，他朝着自己的脑袋开了最后一枪。

在枪击案发生后，赵承熙的名字立刻传遍了美国。在之后几个月内，警方和媒体一直试图从认识赵承熙的人那里了解他的作案动机。赵承熙的父母和姐姐自然成了首要调查对象。他们在得知赵承熙所犯的枪击案后十分震惊，他们知道赵承熙是个非常孤僻的人，但没想到他的内心已经变得如此扭曲。

在枪击案发生的前一天夜晚，父母还给赵承熙打了一通电话。赵承熙像往常一样只说了一句："我很好，也不需要钱。"就在赵承熙准备挂断电话时，父母对他说："我们爱你。"第二天一早，赵承熙就拿着自己准备好的手枪射杀了32人。

赵承熙出生于韩国，在出生后不久就患上了百日咳，后来又因肺炎住院接受治疗。3岁时，赵承熙因心脏有问题在父母的带领下来到医院治疗。当时医生采用了一种"侵入性程序"的治疗方式。从那以后，赵承熙就很讨厌和他人接触，即使家人也无法与他进行亲密的接触。在韩国时，赵承熙就是个性格孤僻的孩子，几乎没有人愿意和他一起游戏。

1992年，赵承熙8岁，他和姐姐赵善敬跟随父母移民美国，之后他就在华盛顿郊区长大，他的父母则在一家洗衣店工作。在刚到美国后不久，父母因手续不齐全，得回韩国办理手续，在此期间只有赵承熙和姐姐二人待在美国这个陌生的环境中。

对于赵成泰和赵香林这对夫妇来说，他们是为了让孩子们得到更好的教育，才选择移民美国。他们和天下所有的父母一样，希望孩子们能健健康康长大，并在美国拥有属于自己的一席之地。但对于赵善敬和赵承熙这对姐弟而言，陌生的环境和语言给他们造成了巨大的压力，他们很快就发现自己被外界孤立了，没有孩子愿意和不会讲英语的孩子做朋友。这让本就性格孤僻的赵承熙变得更加内向和孤僻。

在赵家，没有一个人会说英文。赵成泰和赵香林都在洗衣店工作，每天工作得很辛苦，工作时间也很长。而且他们的工作环境几乎不用讲英语，所以对他们来说英语并不是一种必须掌握的语言，在家中他们都说韩语。

赵善敬和赵承熙一直在努力学习英语，但他们经常因口音被同学们嘲笑。大约两年后，赵氏姐弟总算基本掌握了英语，能够与人交流，在上学时能够阅读、理解课文以及进行英文写作。但是在这个家里，家人之间进行交流的语言依旧是韩语。赵承熙则变得更加孤僻，他拒绝说韩语，几乎不与家人交流，只会偶尔和姐姐说几句话，他甚至会避免与父母进行眼神接触。

赵香林很快就注意到了儿子的不对劲儿，她会主动和赵承熙交流，但赵承熙一直不给她回应，面无表情，一句话也不说。有时候，赵香林都会被赵承熙的冷漠逼到崩溃，她会用力按住赵承熙的肩膀，并使劲摇晃他，赵香林希望儿子能给她一些回应，但赵承熙还是无动于衷。

每当家里来客人的时候，赵承熙都无法与他们进行简单的问好，只能点头表示"是"或"不是"。如果客人一直努力和赵承熙交流，他就会变得十分紧张，会手心出汗、全身发抖，甚至还会哭出声来。

赵香林虽然很担心赵承熙的状况，但她和丈夫每天都忙着工作，几乎没有时间去开导儿子，她只能不停地鼓励儿子走出去，与他人进行交流。赵善敬作为姐姐，花了很长时间去帮助弟弟尽快适应美国的新环境，她不停地主动与赵承熙交谈，并鼓励他勇敢与别人交流。但赵承熙的状况并未因家人的鼓励而得到改善，他还是不爱说话，即使开口说话，声音也小得可怜，也不敢直视他人，每天都生活在自己的世界中。

1997 年，在赵承熙即将升入中学的暑假，赵成泰和赵香林接受了学校的建议，带着赵承熙到"多文化公共事业中心"接受心理咨询。对于这对韩国夫妇来说，能迈出这一步相当困难，这就意味着他们承认儿子有精神疾病，而对于韩国人来说，精神疾病一词意味着极大的侮辱。

赵承熙在接受了一系列心理咨询后，心理学家认为他患上了严重的社交焦虑障碍。之后，赵氏夫妇一直带着儿子治疗，尝试了多种治疗方式，例如艺术治疗，陪着他到篮球场、跆拳道馆或教室交朋友，但赵承熙还是很孤僻。

在一次艺术治疗中，治疗师让赵承熙用橡皮泥制作一间房子。赵承熙所制作的房子没有窗户，也没有门。这栋房子象征着赵承熙的内心世界，而窗户和门则象征着一个人对外界敞开心扉的程度，由此可见赵承熙的内心是多么封闭。

在另一次艺术治疗中，赵承熙对自己的橡皮泥房子进行了改造，他将房子捏成了一个洞穴，他在课外作业中写道："我想要重演科伦拜恩高中校园枪击案。"制造科伦拜恩高中校园枪击案的人是埃里克，赵承熙在寄给 NBC 新闻频道的文章中就提到了埃里克，还有制造帕杜卡枪击案的丹兰。

赵承熙将埃里克和丹兰看作是殉道者，他非常欣赏这两个人，因为他们做了自己以前不敢做的事情，他在埃里克和丹兰身上看到了自己的影子。

后来赵承熙被精神病学家诊断患有"选择性缄默症"，这是一种少见的语言心理障碍，是由严重的社交焦虑引起的，会在某个场合下突然失去语言能力。赵承熙在服用了医生开的抗抑郁药帕罗西汀后病情所有好转，但在 1 年后，赵承熙停止了用药。

在进入尚蒂伊维斯菲尔德中学后，老师和同学们很快注意到了赵承熙这个孤僻的人。校方为了让赵承熙更快地融入校园生活中，就安排赵承熙参加了一个特殊的教育项目。于是赵承熙只能被迫每周接受一次语言疗法，最后以平均分毕业。之后赵承熙拒绝继续接受治疗，还尽可能地避免开口说话。

与同学们相比，赵承熙总显得格格不入，他经常受到同学们的嘲笑和辱骂。赵承熙从来不会还嘴，他只会因尴尬和难堪而脸红。有一次，赵承熙按照英语老师的要求当众朗读课文，他奇怪的口音和低沉的嗓音在教室内响起后，同学们哄堂大笑，赵承熙又羞愧又愤怒，只是他并未发泄，而是像以前一样选择了压抑。或许正是长时间的压抑，导致赵承熙形成了扭曲的认知方式。

赵承熙只有在面对父母和姐姐时才会抱怨和表现出自己的愤怒。每当父母逼着赵承熙与他人交流时，赵承熙会因压力而表现得非常愤怒。当父母要求赵承熙继续接受学校的语言治疗时，赵承熙向父母抱怨道："我一切正常，为什么还要去治疗？"对于赵承熙来说，与家人的相处会让他觉得很轻松，父母和姐姐都很了解他，对他也比较耐心。但学校的老师和同学却无法像家人那样谅解他，在赵承熙看来，学校是一个十分糟糕的地方，对他来说就像一所监狱，会让他觉得压抑，老师和同学在他眼中就是敌人一般的存在，每当他看到自己的"敌人"快乐地在学校里学习、交友时，赵承熙就会莫名地感到愤怒。

高中毕业后，老师建议赵承熙在离家比较近的一所大学上学。但赵承熙没有接受老师的建议，他报考了弗吉尼亚理工大学，他的学习成绩很优秀，如愿取得了录取通知书。按照惯例，赵承熙的中学档案被送到了弗吉尼亚理工大学，但档案中并未提及赵承熙的心理状况，连他接受特殊教育项目的经历也没有提及。

暑假期间，赵成泰带着儿子去了教堂，他希望儿子能在神职人员的帮助下变成一个正常人。赵成泰从神父那里得知，《圣经》具有非常神奇的魔力，能帮助赵承熙摆脱精神问题。

赵承熙只在教堂接受了短暂的治疗，就去上学了。在枪击案发生后，神父也接受了采访。在神父的回忆中，赵承熙是个很聪明的年轻人，能轻易理解《圣经》，但他无法与人交流，对他来说与人交谈是一件相当困难的事情。

赵成泰和赵香林只能寄希望于赵承熙在进入大学后能敞开心扉，但他们的愿望最终落空了。赵承熙在大学时期依旧非常孤僻，而且开始流露出暴力倾向，例如在聚会上用水果刀划破地毯。

格莱沃是赵承熙的室友，在枪击案发生的当天，他还在卫生间遇到了赵承熙，格莱沃前一天晚上都在学习，早上回到宿舍后，只想在洗漱后简单睡一会儿。两人并未打招呼，赵承熙像没看见他一样从他身边走过。格莱沃当时并未觉得异常，在他看来，赵承熙就是个极度内向和害羞的人，不会和人说话，也从来不看别人，通常都是一副面无表情的样子，就算有人主动和赵承熙打招呼，赵承熙也不会理会。

有时，赵承熙也会和格莱沃聊一会儿。不过赵承熙聊天的内容，格莱沃常常无法理解。赵承熙会说自己有个女朋友名叫杰莉，她是个超模，居住在外太空。赵承熙还说，他和普京是好朋友，曾一起度假。这些话在格莱沃看来，很明显就是在吹牛。有一次，赵承熙非常烦躁地对格莱沃说，他想要自杀。格莱沃就将赵承熙的情况报告给了学校，于是赵承熙被送到当地的精神保健中心接受治疗。

在大学期间，赵承熙不再像以前那样被同学们嘲笑，同学们对他都很友好，尤其是罗丝·阿拉迪曼。据罗丝的朋友反映，罗丝是个很友好的人，从来不会拒绝别人，会主动和人做朋友。当罗丝注意到性格孤僻的赵承熙后，就在教室里主动和赵承熙聊天，但赵承熙对他的态度非常冷淡。在枪击案发生的当天，罗丝正在上法语课，也被赵承熙射杀。

没过多久，赵承熙就回到了学校。为赵承熙进行心理治疗的医生觉得他虽然被心理问题困扰着，但并不会给周围的人带来危险。回到学校后，赵承熙每次外出时都会戴着墨镜和帽子，即使上课时也是这副打扮。赵承熙这么做是想让自己封闭起来，不让别人注意和看到自己。

赵承熙在刚上大学时，所学的专业是商业信息技术。大学二年级，赵承熙突然决定转到英语系读书。许多人都不理解赵承熙的这个决定，因为他的英语学得很不好。赵承熙的姐姐知道弟弟为何这么做，因为赵承熙想要成为一名作家。赵善敬曾见过一封来自出版社的退稿信，之前赵承熙曾给出版商寄过一部稿件。这次退稿给赵承熙带来了不小的打击，赵善敬发现弟弟比以前更加郁郁寡欢，连英语成绩也下滑了。

在枪击案发生前，赵承熙就已经出现了非常严重的暴力倾向，只是那时并未引起校方的注意，只有他的英语老师鲁兹达·罗伊注意到了他的问题，罗伊还专门将自己所了解到的情况用电子邮件发给了学校的心理咨询服务部门，但并未引起重视。

2005 年夏天，罗伊成了赵承熙的英语老师，她专门教授英语写作课程。罗伊为了训练学生们的写作能力，经常会留一些自由编写英语剧本的作业。罗伊在批改作业的时候就注意到了赵承熙的暴力倾向，因为赵承熙的剧本内容充满了暴力和仇恨。

在赵承熙所写的独幕剧《理查德·麦克比夫》中，13 岁的男孩约翰和他的继父理查德·麦克比夫之间经常发生矛盾，约翰会控诉理查德性侵他，污蔑他杀害了自己的生父，他还会不时地袭击理查德。后来约翰甚至还挑拨母亲和继父之间的关系，让母亲对继父产生误会，引发两人的争吵。最后理查德被约翰激怒，就杀了约翰。在两人的冲突中，赵承熙描写了十分暴力危险的场面，例如理查德和约翰会用锤子和链锯进行打斗。

赵承熙所创作的剧本，有很多都像《理查德·麦克比夫》一样充满了暴力和死亡，他笔下的人物总会愤怒地想要杀死别人，或者威胁要杀死对方。在赵承熙所创作的作品中，只要涉及父子关系，那么父亲的形象往往是负面的。在现实生活中，赵承熙与父亲之间的关系很紧张，两人经常发生争执。

赵成泰也是个寡言少语的人，只是他不像赵承熙那么孤僻。赵成泰虽然比较理解儿子的内向，但对赵承熙要求很严格，从来不会表扬他，还要求赵承熙要对他保持绝对的尊重。

当赵承熙的家人看到他充满了暴力的文章后，十分震惊，他们从来不知道赵承熙的内心世界如此扭曲和危险。在家人看来，赵承熙很喜欢一个人躲在角落里在电脑上打字，他从来不会让家人看自己写的东西。

大学三年级时，赵承熙被送到一家精神病治疗机构接受治疗，他还被确诊患有精神疾病。但赵承熙只在这里治疗了一段时间，就回到了学校。对此他的家人一无所知，赵承熙本人、医院和学校都未通知他的家人。赵承熙的父母在提到此事时表示，如果他们早知道赵承熙被确诊患有精神疾病，那一定会让他休学，带他回家。

【退缩性心结】

赵承熙虽然患有选择性缄默症，无法与人交流，甚至不会与人产生眼神交流，但他并不是自闭症，他在表达思想和情感上并无缺陷。从他寄给 NBC 新闻频道的文章和视频中就可以看出赵承熙不仅具有表达思想和情感的能力，而且十分擅长为自己的行为辩护。

NBC 新闻频道所收到的包裹里有录像带、照片、一份手写宣言和日记，随后 NBC 的总裁将这些资料交给了警方。在这份手写宣言里，赵承熙表达了自己被同龄人排斥和伤害的愤怒与不满，例如他写道："你们践踏了我的心灵，强奸了我的灵魂。"这些被赵承熙常年压抑的愤怒就像一个火药桶一样，随时准备着爆发。

心理分析专家在研究这份宣言时发现，赵承熙在对自我进行描述的时候走了自卑和自恋两个极端。赵承熙会自卑地认为自己是个可悲的男孩，也会狂妄自大地将自己视作上帝般的存在，凌驾于所有人之上。心理分析专家认为，自卑和自恋的两种极端自我描述显示出赵承熙对自己的憎恨和厌恶。赵承熙不仅憎恨自己，他对所有人都是憎恨的，这源于他早年受到的情感创伤。

赵承熙在8岁时就跟随父母移民至美国，对于他来说，美国这个陌生的环境让他厌恶而恐惧。在赵承熙刚来到美国后不久，他的父母就回韩国补办不齐全的手续，这让赵承熙陷入了更为孤独和恐惧的情境之中，他也因此产生了心理创伤。

对于每个人来说，成长的过程就意味着独立，因此许多父母在教育孩子的时候，都十分注重独立训练。但对于一个年仅8岁的孩子来说，独立并不重要，重要的是培养他的安全感。而安全感的培养除了需要依恋对象的陪伴外，熟悉的成长环境也很重要。赵承熙不仅被迫离开了自己所熟悉的环境，他所依恋的父母也离开了他。虽然离开的时间很短暂，却给赵承熙带来了难以愈合的心理创伤。

在父母离开的这段时间内，赵承熙和姐姐为了生活下去，必须得出门面对陌生的环境，例如去商店买东西。在美国的大街上，到处都是和他们完全不同的人种，白人和黑人十分常见。而且，他们又不会说英语。

一个人在12岁之后，会渐渐摆脱对父母的依恋，从而产生独立需求。如果赵承熙的父母及时意识到儿子难以适应美国的生活，立刻带着赵承熙回国，回到那个熟悉的环境中，等到赵承熙的心理发展成熟后再让他移民美国，那么赵承熙就能更好地适应美国的生活，从而避免悲剧的发生。

由于对美国这个新环境充满了恐惧，赵承熙只能采取封闭的态度来对待陌生的一切，渐渐地形成了退缩性心结，他将自己的内心世界完全封闭起来，不对任何人敞开。例如赵承熙从来没有朋友，他不和任何人说话，总是面无表情。

赵承熙虽然不与人交流，却有一个丰富的内在世界。在他想象的世界中，他就是上帝般的存在，是个复仇天使，随时准备着掀起一场血雨腥风，以发泄自己许多年来遭受的痛苦。

对于人类来说，嘴巴和眼睛是人与人之间进行交流的最重要的器官，我们可以通过看着对方进行眼神交流，会通过说话了解彼此。但赵承熙却紧闭嘴巴，眼睛也从不看人，他将自己永远封闭了，这是因为他觉得恐惧，他一直没有从8岁的恐惧感中走出来。

赵承熙因恐惧心理产生了退缩性心结，但随着年龄的增长，他会渐渐渴望自己变得强大起来，于是越来越倾向暴力。许多枪击案的主犯们都和赵承熙一样，因为饱受周围人的嘲笑而封闭自己，会形成一种特有的用暴力解决问题的行为方式。于是他制造了一起枪击案，并将最后一颗子弹留给了自己，他达到了复仇的目的，而那些无辜者都是他的陪葬者。赵承熙会极端自恋和自卑，就是长期的恐惧感影响所致。越是恐惧，他就越渴望拥有强大的力量，就越会幻想自己是个凌驾于所有人之上的存在。

Criminal Psychology

截然不同的姐妹二人——

乔安娜·丹尼希

2013 年 3 月 29 日，英国剑桥郡的彼得伯勒警方接到一名女士的报案，她名叫克里斯蒂娜，她的丈夫凯文·李失踪了。一天后，有人在阴沟里发现了一具男性的尸体，后经证实死者正是失踪的凯文。

凯文的身上有许多刀伤，主要集中在胸部和脖子上，显然是被人刺死的。不过奇怪的是，凯文身上除了穿着一条黑色的连衣裙外，什么也没有穿。警方起初怀疑凯文是同性恋，在与自己的同性恋情人发生争执后被刺死。但事实上，凯文并不是同性恋。警方开始怀疑，凶手并不一定是男性。

克里斯蒂娜告诉警方，凯文有一家房屋租赁公司，专门向经济收入不好的人出租房屋。而在 3 月 20 日，凯文告诉克里斯蒂娜，他和其中一个名叫乔安娜·丹尼希的房客发生过性关系，他很后悔，希望克里斯蒂娜能原谅自己，并表示一定会将丹尼希赶走。警方调查发现，在凯文失踪的当天晚上，接到了丹尼希的短信，丹尼希让凯文到她的住处去一趟。之后再也没人见过凯文。

凯文的搭档科里德告诉警方，当丹尼希来到公司表示想租房的时候，他就觉得丹尼希给人一种很不舒服的感觉，他不想将房子租给丹尼希。但凯文不同意他的决定，不仅租给丹尼希一间房子，还雇她做室内装潢师。于是丹尼希成了重要嫌疑人。

在彼得伯勒警方追捕丹尼希的过程中，赫里福德的警方接到了两起袭击案，有两名男子 64 岁的罗宾·贝雷扎和 56 岁的约翰·罗杰斯，在遛狗的时候被一个疯狂的女人给刺伤了。后来罗宾和约翰指证，刺伤他们的正是丹尼希。

在逃亡途中，丹尼希经常在网上晒出一些十分恐怖的照片，例如拿着大的锯齿形的凶器，高兴地朝着镜头吐舌头，或者掀开衣服，露出自己刀疤交错的腹部，那些刀疤都是她自残时留下的疤痕。

被捕后，丹尼希承认自己杀死了凯文，并表示她的原定计划是杀死9个人。其实在杀害凯文之前，丹尼希还杀害了卢卡斯·斯拉和约翰·查普曼。

卢卡斯是一个31岁的男子，来自波兰，于2005年来到英国定居，并在一家快递公司找到了一份工作。后来，卢卡斯认识了丹尼希，两人很快发展成情侣关系。卢卡斯对丹尼希很满意，总会和朋友提起他这个英国女朋友。

一天，丹尼希邀请卢卡斯来到自己的住处。卢卡斯没多想就去了，而丹尼希趁其不备朝着卢卡斯捅了许多刀，直到卢卡斯死亡。后来丹尼希将卢卡斯的尸体丢在了一个带着轮子的垃圾桶里。

至于为什么要杀死卢卡斯，丹尼希的解释是，想通过试着杀人来看看自己是否像想象中的那么冷血。在杀死卢卡斯后，丹尼希得出一个结论，她的确是个冷血的人，而且还很喜欢杀人所带来的感觉，于是她开始了第二次杀戮。

第二名被害人名叫约翰·查普曼，56岁，曾在英国海军服役，退役后在剑桥郡的彼得伯勒生活。他在当地租了一间房子，而丹尼希是合租者。虽然两人生活在同一屋檐下，但约翰从未对丹尼希有过非分之想。

约翰是一名退伍老兵，丹尼希不可能是约翰的对手，丹尼希也认识到自己根本不可能打过约翰，于是她就趁着约翰烂醉如泥的时候将刀直接插入他的心脏。此时的丹尼希已经对杀人上瘾了，而凯文恰好在此时提出让丹尼希尽快搬走，丹尼希十分愤怒，就将凯文约来，把他捅死了。为了表达对凯文的愤怒，杀死凯文后，丹尼希扒光了凯文的所有衣服，还给他穿上了一件黑色连衣裙。

杀死三个男人后，丹尼希已经完全沉浸在杀人带给自己的快感中，她想杀更多的人，于是就拿着刀子出门了，途中袭击了两名正在遛狗的男子。幸运的是，这两个男子并没有死，还作为重要证人指认了丹尼希。

在英国伦敦老贝利街的中央刑事法庭上接受审判时，丹尼希对所犯罪行供认不讳，并表示杀人是一件很容易的事情，就像周末去烤肉一样容易。最终丹尼希被判处终身监禁，成为英国仅有的两名被判处终身监禁的女性之一，另一位女性是罗丝·韦斯特。韦斯特被关押在西伦敦的布朗兹菲尔德女子监狱中，这是欧洲最大的女子监狱。

罗丝是英国著名的女性连环杀手，在 1967 年至 1987 年间与丈夫弗雷德一起杀害了许多年轻女子，包括亲生女儿在内，她和丈夫将所有被害人的尸体都埋葬在住所的花园下。罗丝从小饱受父亲的虐待和折磨，在与弗雷德结婚后，她就成了加害者，会亲眼看着丈夫性侵继女和自己的女儿。

当丹尼希在拘留所里得知自己被判处终身监禁后，不仅不悲伤，还又笑又跳，她对警察开玩笑说，自己在监狱里会变得比现在更糟糕，会变胖、变黑、变丑。

按照监狱的规定，每隔一段时间囚室都要被搜查一番。在一次搜查工作中，狱警发现了丹尼希的日记，里面所写的内容非常恐怖。丹尼希将自己想要越狱的计划全部写在了日记中，她从一进监狱，就开始想着越狱，她的越狱计划是先杀死狱警，然后切下狱警的手指，通过刷指纹越狱。于是，丹尼希被送往西伦敦的布朗兹菲尔德女子监狱服刑，在那里她将会被单独囚禁。

当一些人得知丹尼希将会被转移到布朗兹菲尔德女子监狱单独关押时，纷纷表示这样做太不人性了。但法院和检方表示，像丹尼希这样的只想着杀人和越狱的罪犯，只有被关在高度戒备的监狱里才安全。

2014 年，在来到布朗兹菲尔德女子监狱后没多久，丹尼希就扬言要杀掉罗丝，因为她才是英国最邪恶的女性连环杀手。自从丹尼希被捕以来，她一直广受媒体关注，在她看来如果自己杀死了罗丝这个女魔头，她的名气会更大。

此时的罗丝已经 64 岁了，年老体衰的她只想好好度过余生，当她得知有个名叫丹尼希的连环杀手想要杀死自己时，十分担心自己的安全。监狱方也很害怕出事，于是立刻给罗丝转了监狱。

在高度戒备的监狱里，丹尼希不能越狱，也不能杀人，这让她觉得生无可恋，于是就出现了自杀行为。不过狱警及时发现，丹尼希并未死亡。

2018 年 10 月 13 日，35 岁的丹尼希又闹出了新闻，她已经和律师取得联系，想要和一名女囚结婚，希望能和监狱里的女朋友经常保持亲密接触。丹尼希为了表明自己的决心，还专门剃光了所有的头发。

丹尼希的女朋友因毒品引发的暴力犯罪被判处了 10 年监禁。在此之前，丹尼希和女朋友还策划了一起双重自杀案，她和女朋友相约一起自杀，丹尼希割开了自己的喉咙，而女朋友割了自己的手腕。但狱警及时发现，并将两人送去抢救，于是她们被关押在隔离病房，以防止再次出现自杀行为。不过狱警们开始考虑将丹尼希送到精神病隔离区去。

根据《欧洲人权公约》，囚犯有权利结婚，丹尼希的结婚申请应该得到批准。但英国在 1983 年颁布的《婚姻法》中有这样一项规定：囚犯想要结婚，就必须首先向监狱长申请许可。监狱长在批准囚犯的结婚申请时，必须得考虑婚礼当天可能存在的安全风险、婚姻是否是骗局、囚犯是否可能对他的伴侣造成伤害。

当初丹尼希接受审判时，法官斯宾塞这样形容她："你是一个残忍、精于算计、善于操纵的连环女杀手。"那么，到底是什么原因促使丹尼希成了一个连环女杀手呢？按照丹尼希自己的说法，她从小长期受到父亲的精神虐待，在一个缺少关爱的家庭中长大，所以才变成了如今这个样子。

但丹尼希的这番说辞遭到了妹妹玛利亚的反对。玛利亚表示，她们姐妹俩在一个十分健全的家庭中长大，父母对她们的管教虽然过于严格，但从未打骂或体罚过她们。而且玛利亚还表示，她们的父母很负责，她们姐妹二人从小所得到的待遇和机会都是相同的。也就是说，一起长大的两个女孩，性格截然不同，一个成了残暴的连环杀手，而另一个从部队退役后成了一名工程师。

丹尼希的父亲是个私人保镖，母亲是个店长。丹尼希和玛利亚相差4岁，从小在安静、淳朴的圣奥尔本斯小镇长大。据玛利亚回忆，她们从小什么也不缺，每逢周末全家都会聚在一起过家庭日。

在玛利亚看来，丹尼希小时是个十分正常的女孩子，没有表现出任何暴力倾向，和所有小女孩一样喜欢玩扮公主和过家家的游戏。而且她们姐妹二人的关系也很好，下图是丹尼希和妹妹玛利亚小时候的合影，丹尼希搂着玛利亚，笑得十分灿烂。如果真的要说丹尼希与其他人有什么不同的话，那就是丹尼希有些叛逆，很讨厌遵守规章制度，但这也只能说明丹尼希是个很有个性的女孩。

玛利亚将丹尼希成为连环杀手的原因归结为两点。一个原因是嗑药，丹尼希从青少年时期就开始吸毒，有非常严重的毒瘾。有研究表示，如果青少年时期长期服食大麻等精神类药物，那么就很容易变得具有暴力倾向，或是患上精神病。另一个原因是约翰。

丹尼希在 14 岁时与 19 岁的约翰发展成了男女朋友关系。在玛利亚的记忆里，自从丹尼希认识了约翰后，就再也不是那个单纯的乔安娜了，她完全变了一个人。丹尼希先是和邻居小伙伴们全部绝交，然后和玛利亚绝交，她觉得妹妹是她的负担。

丹尼希的生活方式也开始发生变化，她开始逃学，并且公开与父母对抗。当父母反对丹尼希与约翰继续交往时，丹尼希离开了家，在家后院的灌木丛里搭了个帐篷，她与约翰就居住在帐篷里。她还威胁父母，如果将约翰赶走，那么她就会与约翰一起消失。

约翰还挑拨丹尼希与父母的关系，让丹尼希相信自己从未得到过父母的关心，她是失败家庭教育的受害者。丹尼希不仅相信了约翰的说法，而且丝毫不觉得有什么不对劲儿。之后，丹尼希就彻底离开了父母和妹妹。

玛利亚中学毕业后参了军，在 21 岁时前往在阿富汗的驻地，成了一名无线电报员。后来，玛利亚回国的申请得到批准，她成了一名工程师。在此期间，玛利亚一直在打听丹尼希的下落，她想知道丹尼希过得怎么样，还希望丹尼希能回家，这样他们一家人就能再次团聚。但此时的丹尼希过得非常糟糕，她每天都被毒瘾折磨着。

2009 年，玛利亚意外得知了丹尼希的下落，于是立刻去看她。当看到丹尼希的样子后，玛利亚十分吃惊，几乎没有认出她来。在玛利亚的印象中，丹尼希是个纯真甜美的女孩，但眼前的女人却满身伤痕，脸上有个文身，头发脏兮兮的，好像许多天都没洗过。丹尼希住所的情况十分糟糕，就像一个垃圾场一样，玛利亚根本不想在这样的地方坐下来。丹尼希对玛利亚说，她现在过得很糟糕，她渴望自己的生活能有所改变，毕竟她有两个女儿。

　　玛利亚很同情丹尼希的遭遇，于是在当天晚上拨打了丹尼希房东的电话。接电话的是房东太太，她说丹尼希已经搬走了。这让玛利亚很受伤，她一直想尽自己所能帮助丹尼希，但丹尼希却一直在欺骗她。于是玛利亚拨打了丹尼希的手机号码，她指责丹尼希欺骗了自己。丹尼希不仅没道歉，还破口大骂，最终玛利亚忍无可忍挂断了电话，再也没主动和丹尼希联系过。

　　在丹尼希被捕后，她的罪行立刻在英国引起了轰动。只是在丹尼希服刑期间，来看望她的都是媒体，她的家人从来没有去看过她。玛利亚表示，他们很早之前就和丹尼希断绝了关系，父母和她都没有再提起过丹尼希，只是在丹尼希生日的时候，母亲会怀念一家人聚在一起的美好时光。在玛利亚和她的父母看来，他们只认识那个纯真的丹尼希，而现在的丹尼希是个杀人凶手、恶魔。

　　玛利亚和她的父母认为，丹尼希之所以不再纯真善良，就是因为约翰这个坏男人的影响，他们在一起生活了 14 年，还有两个女儿。玛利亚表示，丹尼希和约翰一起生活了那么长时间，一定受到了约翰的影响，虽然不能说丹尼希变成一个恶魔完全是约翰害的，但约翰对她的影响绝对是丹尼希变得邪恶的导火索，是约翰和嗑药触发了丹尼希内心深处黑暗的一面。如果丹尼希从来没有遇到过约翰，也从未接触过毒品，那么丹尼希的黑暗面就永远不会出现。

　　2009 年，约翰与丹尼希离婚，因为他再也无法忍受丹尼希常年酗酒、吸毒和出轨。从那以后，约翰就和两个女儿远离了丹尼希，开始了一段新的生活。后来，约翰再婚了，他的妻子与两个女儿相处得很愉快。而丹尼希也从未探望过女儿，因为她自己沉浸在酒精和毒品的世界里难以自拔。约翰也不希望丹尼希来打扰他们的生活，他想和丹尼希断绝一切来往。

当丹尼希的罪行被报道之后，丹尼希的大女儿才 14 岁，她在阅读报纸的时候看到了亲生母亲的消息，对此她十分震惊。从那以后，他们一家人平静的生活就彻底被打乱了。

当约翰得知丹尼希的家人指责自己带坏了丹尼希时，并未发表任何言论。他在接受采访时对记者表示，记者们可以发表任何观点的文章，他都不会在意，他也无意和丹尼希的家人发生争执，他现在只关心孩子们的安全。当约翰得知丹尼希被判处终身监禁后表示，她会极快适应监狱的生活，并且乐在其中，因为她本来就像生活在地狱里。他觉得即使将丹尼希关押一辈子，也无法弥补那些无辜被害的人，丹尼希就应该被判处死刑。

【被毒品放大的内在品质】

从丹尼希妹妹玛利亚的反映中可知，丹尼希在遇到约翰和吸食毒品前，完全就是一个正常的女孩。她和她的父母都将丹尼希成为一名连环杀手的原因归结在吸食毒品上，并且认为约翰也负有一定的责任。

在约翰看来，他虽然与丹尼希一起生活了许多年，而且两人有两个女儿，但他与丹尼希并不是一路人，他根本无法忍受与丹尼希继续生活在一起，所以才选择离开丹尼希。从约翰后来的生活中可以看出，问题出在丹尼希身上，他和两个女儿在离开丹尼希后生活得平静而幸福。

丹尼希十分冷酷和邪恶，她之所以杀害 3 名男子并上街捅伤两名遛狗男子，只是为了满足自己找乐子的需求。而且丹尼希在被捕之后，没有表现出一丝悔意，还叫嚣着要继续杀人。在服刑期间，丹尼希从未提及自己的家人，包括两个女儿在内，由此可以看出她是个十分冷血的女人。

犯罪心理学家克里斯托弗·贝丽－迪见过丹尼希和罗丝·韦斯特这两个女性连环杀手。在她看来，罗丝虽然已经足够邪恶，但邪恶程度完全无法与丹尼希相比，丹尼希是个完全邪恶的人，只要看见她，似乎都能闻到邪恶的味道。

1963年，麻醉药物滥用咨询委员会提出，毒品能使一个正常人走向犯罪。这一观点得到了许多专家的认同，也被许多罪犯及其家属所接受。在玛利亚的记忆里，丹尼希就是从14岁起接触毒品后才变得撒谎成性、乱交，每天都生活在犯罪的边缘，直到后来成了一个连环杀手。在玛利亚看来，丹尼希的重要问题就是酗酒和吸毒，如果没有这两者，那么丹尼希完全就是一个再正常不过的女人。但现实却是，也有许多人像丹尼希一样，有酗酒和吸毒的不良嗜好，但他们却没有变成连环杀手，也从未有过杀人取乐的念头。

丹尼希的犯罪行为并不是由酒精和毒品导致的，酒精和毒品只是让丹尼希的内在品质变得更加明显而已，也就是放大了丹尼希内心冷血、残忍的一面。

一个人在酒精、毒品等食用麻醉品的影响下，的确会产生不同的精神状态，但至于会产生什么样的精神状态，则并不完全由服用的麻醉品所决定，最终的精神状态是由服用者的心态、实际环境和社会环境交互作用决定的。例如我们常常听说的酒品如人品，有的人喝醉了会耍酒疯，到处闹事，会出现暴力倾向，去强奸、抢劫，甚至是杀人。但有的人喝醉了只会埋头大睡。他们所服用的物质都是酒精，却出现了不同的行为。他们的行为完全是由自己喝酒前所具有的内在品质决定的。

或许丹尼希小时候就已经表现出了行为异常，只是她的父母和妹妹并未重视，或者只是从他们的角度加以理解和解释。丹尼希和玛利亚成长于同一个家庭，她的成长环境十分健康。也就是说，丹尼希所处的环境并不容易接触到毒品，但她还是染上了毒瘾，并且一直无法戒掉，从而导致约翰和两个女儿也离开了她。有的人认为吸毒者反复吸毒是为了逃避糟糕的现实生活。但这种解释并不适用于丹尼希，因为丹尼希的生活环境和玛利亚一样。

丹尼希吸毒只是为了通过毒品来获得刺激感和兴奋感，这是许多连环杀手的通病。丹尼希和许多连环杀手一样，十分讨厌平庸、无聊的生活，尽管这种生活在玛利亚看来很幸福。于是丹尼希就开始频繁通过毒品来获得刺激。

丹尼希在提到为什么杀人的时候说过，她觉得自己是个冷血的人，所以想试试自己到底有多冷血，于是就杀了个人试试，结果她发现自己爱上了杀人所带来的刺激。或许在丹尼希的心里，杀人远比吸毒更让人觉得兴奋和刺激。丹尼希与玛利亚最大的不同就是，她无法像玛利亚一样从普通人的正常生活中感受到乐趣，在他人看来幸福的事情，她根本无动于衷，所以她才会觉得自己冷血。